Hanns Bruno Geinitz

Das königliche mineralogische Museum zu Dresden

Hanns Bruno Geinitz

Das königliche mineralogische Museum zu Dresden

ISBN/EAN: 9783743667723

Hergestellt in Europa, USA, Kanada, Australien, Japan

Cover: Foto ©ninafisch / pixelio.de

Weitere Bücher finden Sie auf **www.hansebooks.com**

I.

Regulativ

für den Besuch des Königlichen Mineralogischen Museums.

1.

Das Königliche Mineralogische Museum ist in den Monaten Mai bis October an allen Wochentagen von 10—12 Uhr, und zwar:

Dienstag und Freitag unentgeldlich,

Montag, Mittwoch, Donnerstag und Sonnabend gegen ein **Eintrittsgeld von 5 Neugroschen** für Jedermann geöffnet.

2.

Im Winterhalbjahre ist der Besuch Wochentags an denselben Stunden gegen Eintrittsgeld von 5 Ngr. gestattet.

3.

An Feiertagen, am Charfreitag, den Busstagen und dem 24. December ist das Museum gänzlich geschlossen.

4.

An den öffentlichen Tagen bleibt der Direction vorbehalten, bei zu grossem Andrang die Zahl der Besucher zu beschränken. — Kinder unter 10 Jahren werden nicht zugelassen.

5.

Naturforscher, Studirende der Naturwissenschaften und die Lehrer der hiesigen Schulanstalten erhalten auf Anmeldung bei der Direction die Erlaubniss zu freiem Eintritt für bestimmte Zeitdauer. — Wünschen Lehrer mit ihren Schülern an Eintrittsgeld-Tagen unentgeldlichen Zutritt, so ist hierzu die Erlaubniss der Direction einzuholen.

6.

Das Nachzeichnen der ausgestellten Gegenstände und das Aufschreiben von Notizen ist ohne Weiteres gestattet. Im Uebrigen ist die Direction angewiesen, allen wissenschaftlichen Studien im Museum die thunlichste Unterstützung und Förderung angedeihen zu lassen.

7.

Die frei aufgestellten Gegenstände dürfen ohne besondere Erlaubniss nicht berührt werden. Den Weisungen des Aufsichtspersonals ist unweigerlich Folge zu leisten.

8.

Die Fussbekleidung ist beim Eintritt sorgfältig zu reinigen. Stöcke, Regen- und Sonnenschirme sind am Eingang abzulegen.

Dresden, am 1. Januar 1873.

General-Direction der Königlichen Sammlungen für Kunst und Wissenschaft.

von Friesen.

II.

Geschichte

des

Königlichen Mineralogischen Museums

zu Dresden.

Der erste Grund zu einem Museum für Kunst und Natur in Sachsen wurde während der Regierung des Churfürst August in den Jahren 1553 bis 1586 gelegt.

Der von Georg Agricola (geb. d. 21. März 1494 zu Glauchau, gest. d. 22. Nov. 1555 zu Chemnitz), dem Vater der mineralogischen Wissenschaften, erweckte und von Sachsen aus über ganz Deutschland verbreitete Sinn für mineralogische Forschungen hatte auch auf den edlen Monarchen einen solchen Reiz ausgeübt, dass zwei Steinkenner, David Hirschfelder und der italienische Bildhauer Johann Maria Nosseni von ihm befehliget wurden, überall in den sächsischen Landen umherzureisen und interessante Steinarten und andere Merkwürdigkeiten zu sammeln. So häuften sich in der neu begründeten Kunst- und Naturalien-Kammer, über welche das älteste Inventarium von 1587 herrührt, Erzstufen und andere Producte der reinen Natur mit allerlei Curiositäten der verschiedensten Art und Form in einem bunten Gemische zusammen.

Eine kurze Schilderung jener Schätze gab auch 1683 Tobias Beutel in seinem „Churfürstlich-Sächsischen stets grünenden hohen Cedern-Wald auf dem grünen Rautengrunde, oder kurze Vorstellung der Churf. Sächsischen hohen Regal-Werke, nämlich der Fürstlichen Kunstkammer u. s. w."

Theilweise wurden dieselben ausführlich von Chr. Ernst Birkhan in einem ungedruckten Kataloge beschrieben, welcher sich noch jetzt in der Bibliothek des mineralogischen Museums befindet.

Aus dem Königlichen Schlosse, wo sich die Kunst- und Naturalien-Kammer früher befunden hat, wurde sie 1701 durch einen Brand vertrieben, kam hierauf in das Stallgebäude, dann in das Regimenthaus am Jüdenhofe, 1723 in das japanische Palais und wurde 1729 bis 1733 in das Zwingergebäude übersiedelt, dessen Bau 1711 begonnen und 1728 vollendet worden war. Mit dieser Zeit beginnt aber auch die Selbstständigkeit des Mineralien-Cabinetes, wie die des Naturalien-Cabinetes*). Zum ersten Male erscheint in dem Königl. Polnischen und Churf. Sächsischen Hof- und Staats-Kalender von 1729 neben dem Naturalien-Cabinete, unter v. Heucher, das Mineralien-Cabinet unter dem ersten Inspectorate von Christoph Gottlob Lichtwer vollständig getrennt. Nach dem 1737 erfolgtem Tode Lichtwer's wurde 1738 das Mineralien-Cabinet unter die Leitung des Hofrath Thomas v. Fritsch gestellt, welchem in dieser Function 1841 der Bergrath Carl Gottlieb Altenburger und 1742 der Bergsecretarius Christ. Heinr. Eilenburg folgten.

---

*) Die Verordnung datirt schon vom 26. Nov. 1727, dem Stiftungsjahre der Galéries des Sciences.

Nach v. Heucher's Tode, 1746, trat wiederum eine Vereinigung des Naturalien-Cabinetes mit dem Mineralien-Cabinete ein, welche im Wesentlichen eine lange Zeit hindurch fortbestanden hat.

Im Jahre 1749 finden wir dem Bergrathe Eilenburg einen Adjuncten in der Person des Christ. E. Birkhan beigefügt, und im Jahre 1756 waren bei diesen Sammlungen ausser diesen beiden noch 8 Unterbeamte beschäftiget, unter denen sich 3 Steinschneider befanden.

Der Inspector Eilenburg fungirte in dieser Stellung mit dem Titel eines Bergrathes bis 1771, worauf ihm bis 1778 der bisherige Adjunctus Birkhan gefolgt ist, welcher wiederum von 6 bis 7 Subalternen unterstützt wurde.

Beiden Männern verdankt man die noch vorhandenen ausführlichen Kataloge, welche zum Theil mit vortrefflichen Abbildungen von Mineralien und anderen naturhistorischen Gegenständen der Sammlung verziert sind.

Aus einem derselben ersieht man zugleich, wie sich der Churfürst Friedrich August der Gerechte zur Erlangung einer Kenntniss von Mineralogie in den Jahren 1764 bis 65 von Zeit zu Zeit die in die Mineraliensammlung einschlagenden Dinge durch den Inspector Birkhan hat vortragen lassen, wodurch die sächsischen Bergämter um so mehr aufgemuntert wurden, alle damals brechenden Erzarten in grosser Menge an das Cabinet einzusenden, ein Befehl, der schon unter August dem Starken sehr eifrig befolgt worden war und erst nach der 1765 erfolgten Errichtung der Bergakademie zu Freiberg wieder aufgehoben worden ist.

Im Jahre 1779 tritt der schon im vergangenen Jahre als Adjunctus fungirende Dr. Carl Heinr. Titius als Inspector dieser Sammlungen an, welche Stellung derselbe bis zu seinem 1813 erfolgten Tode höchst gewissenhaft begleitet hat.

Unser unvergesslicher Landsmann Abraham Gottlob Werner (geb. am 25. Sept. 1749 zu Wehrau in der Oberlausitz, gest. d. 30. Juni 1817 zu Dresden) lebte und lehrte zu Titius' Zeit an der Bergakademie zu Freiberg. Von nah und fern strömten demselben begeisterte Schüler zu, welche die erst durch Werner zur Wissenschaft erhobene Mineralogie begierig einsogen und bis in die fernsten Länder verbreiteten. Vom Jahre 1780 an bis 1817 wurde Werner's Mineral-System fast alljährlich mit neuen Zusätzen und Aenderungen, wenn auch oft ohne sein Wissen und Zuthun, öffentlich bekannt gemacht. Auch die 1805 von Titius herausgegebene „Klassification der mineralogisch einfachen Fossilien nach ihren Bestandtheilen, nebst der Karsten'schen Eintheilung der Gebirgsarten" stimmt in allen wesentlichen Theilen mit dem Mineral-Systeme von Werner überein, das aus dessen Nachlasse auf oberbergamtliche Anordnung 1817 veröffentlicht worden ist.

Der Umgestaltung der Sammlung selbst nach diesem Systeme waren die politisch bewegten Jahre bis zu Titius' Tode nicht günstig; sie war seinem Nachfolger, dem Dr. Friedr. Aug. Treutler aufbewahrt, welcher 1814—1819 die Inspection über die naturhistorischen Sammlungen führte.

Nach einem umfangreichen Berichte des Ober-Kammerherrn J. G. Freih. v. Friesen auf Rötha vom 2. Oct. 1815 „ertheilte das Russische Gouvernement mittelst Verordnung vom 12. Sept. 1814 dem Dr. Treutler unmittelbar den Auftrag, das Mineralien-Cabinet nach dem Werner'schen Systeme zu ordnen und über die bessere Aufstellung der übrigen Theile des Naturalien-Cabinetes, auch dessen Verwahrung für Verletzung und Vernichtung, Gutachten zu erstatten. Auf des Dr. Treutler's Vorträge vom 28. Sept. und 20. Oct. 1814 liess das Russische Gouvernement nicht allein einen ziemlich kostbaren Bau zur Sicherung der beiden Galerien des Zwingergebäudes, rechts und links an der Auffahrt nach der Ostra-Allee, vor deren Eingang und zur Errichtung der Expedition des Galerieschreibers, zum Behufe von Vorlesungen und sonst vollführen, sondern genehmigte auch mehrere von Treutler vorgeschlagene innerliche Einrichtungen und Anschaffungen von Vorhängen, Glas-Pulten und anderen Requisiten, nicht minder den Ankauf einer Partie mineralogischer und naturhistorischer Bücher und einer Suite Krystallmodelle aus dem Nachlasse des Hofrath Titius etc."

Schon damals ward es in Anregung gebracht, die Sammlungen dem grösseren Publikum zugänglich zu machen.

Dem als Hofrath verstorbenen Dr. Treutler folgte am 4. März 1820 als Inspector der naturhistorischen Cabinete der als Professor der Naturgeschichte an die Königl. chirurgische Akademie berufene Dr. H. G. Ludwig Reichenbach. Derselbe wurde 1844 zum Director ernannt.

Neben Reichenbach war seit dem 18. Dec. 1824 bis 1839 als zweiter Inspector bei den vereinigten Cabineten auch Dr. Fr. A. Thienemann thätig, des Mineralien-Cabinetes aber nahm sich insbesondere der am 13. Oct. 1846 verstorbene Inspector Heinr. Gottl. Gössel mit aller Aufopferung an. Der Leztere war schon seit 1810 unter Titius als Galerieschreiber eingetreten, 1812 als solcher definitiv angestellt und zum Secretär und Inspector ernannt worden. Durch die Bemühungen der Inspectoren Treutler und Gössel wurden die mineralogischen Sammlungen geordnet und in ihrem jetzigen Raume in 16 Pultschränken, 16 Glastischen und 14 Wandschränken aufgestellt.

Dieselben waren laut Verzeichniss des Inspector Gössel von 1806 bis 1816 theils durch Ankauf oder Eintausch, theils durch Geschenke, um 8045 Exemplare vermehrt worden, worunter auch die im Jahre 1818 aus der v. Block'schen Sammlung erlangten Diamanten und viele Edelsteine der Sammlung mit inbegriffen sind.

Dem Inspector Gössel verdankt man einen sehr ausführlichen Katalog über sämmtliche Mineralien, der in vier Foliobänden noch vorliegt. Dieser Katalog ist nach der 1832 veröffentlichten „Vollständigen Charakteristik des Mineral-Systemes von A. Breithaupt" zusammengestellt und es wurde beabsichtiget, die nach Werner's Mineral-Systeme geordnete Sammlung danach umzulegen. Der Tod überraschte den fleissigen Arbeiter und es blieb seinem Nachfolger übrig, die grosse Sammlung mit dem Kataloge in Einklang zu bringen.

Das Inspectorat an dem Mineralien-Cabinet wurde am 1. Febr. 1847 auf Dr. Hanns Bruno Geinitz übertragen. In Berücksichtigung, dass die neue Auflage des Breithaupt'schen Mineral-Systems „Vollständ. Handb. der Mineralogie, 1. Bd. 1836, 2. Bd. 1841, 3. Bd. 1847" schon manche wesentliche Abweichungen von dem Gössel'schen Kataloge enthielt, auch nicht beendet war, was leider selbst gegenwärtig noch nicht der Fall ist, hat man davon absehen müssen, die Mineraliensammlung nach diesem System aufzustellen. Vielmehr wurde vorgezogen, dieselbe im Jahre 1849 nach einem, den zahlreichen Besuchern leicht zugänglichen Leitfaden von „Dr. M. Hörnes: Uebersichtliche Darstellung des Mohs'schen Mineral-Systemes zum Gebrauche für Studirende, insbesondere beim Besuche des K. K. Hofmineralien-Cabinetes, Wien, 1847" anzuordnen. In diesem Zustande befand sich die Sammlung bis zu dem März 1857. Der seit dem Jahre 1840 dem Publikum gestattete Zutritt zu ihr war jedoch in den letzten Jahren durch wiederholte längere Störungen mehrfach gehindert. Im Jahre 1856 erfolgte in dem Saale, worin die Mineraliensammlung aufgestellt war, ein gänzlicher Umbau, bei welchem der Fussboden neu gewölbt und getäfelt, sämmtliche Fenster durch neue ersetzt und neue Arbeitsräume angelegt worden sind. Der Anstrich der Fenster konnte erst 1857 beendet werden und sämmtliche Schränke, welche die Sammlung enthielten, mussten in- und auswendig mit einem neuen Oelanstriche versehen werden.

Erst nach Beseitigung aller dieser Hindernisse konnte die umfangreiche Sammlung selbst wieder geordnet werden. Eine sorgfältige Reinigung und vollständige Umgestaltung derselben war durch die oben erwähnten Ereignisse nöthig geworden.

Die neue Aufstellung der Mineralien-Sammlung nach neuen Principien, worüber die nachstehenden Blätter Auskunft ertheilen, begann im April 1857 und wurde noch in demselben Jahre in der Hauptsache beendet.

Erst von dieser Zeit an konnten die Sammlungen dem Publikum wieder zugänglich werden.

Das Königliche Mineralien-Cabinet, welches, wie vorher gezeigt worden ist, erst nach dem Tode des Hofrath von Heucher (1746) unter Eilenburg, der damals Inspector an dem einen und Adjunktus an dem anderen Cabinete war, mit dem Naturalien-Cabinete vereinigt wurde, war zuletzt in dem Naturalien-Cabinete fast gänzlich mit aufgegangen und hatte, trotz der riesenhaften Fortschritte der mineralogischen Wissenschaften, seine frühere Selbstständigkeit verloren. Das Streben, das Mineralien-Cabinet als ebenbürtige Schwester des Naturalien-Cabinetes betrachtet zu sehen, wurde am 28. Febr. 1857 mit Erfolg gekrönt, indem auf besonderen Antrag des Directors der vereinigten Cabinete, Herrn. Geh. Hofrath Dr. L. Reichenbach, mit Allerhöchster Genehmigung seine Selbstständigkeit unter dem Namen des Königl. Mineralogischen Museums wieder hergestellt und die Direction desselben dem bisherigen Inspector Geinitz überlassen wurde.

Eine 1858 von dem Letzteren veröffentlichte Druckschrift: „Das Königliche Mineralogische Museum in Dresden" giebt ein treues Bild von der raschen Entwickelung des Museums, welche ganz wesentlich, unter dem Schutze Seiner Majestät des Königs Johann, durch die einsichtsvolle und humane Leitung der Königlichen Sammlungen durch Se.

Excellenz Herrn Staatminister von Zeschau, als Minister des Königlichen Hauses, befördert worden ist.

Mit den anderen Königlichen Sammlungen ist das Mineralogische Museum vom 1. Juli 1869 ab unter die General-Direction der K. Sammlungen für Kunst und Wissenschaften gestellt worden, deren Vorstand gegenwärtig Se. Excellenz der Herr Staatminister Freiherr von Friesen ist.

Die seit dieser Zeit über das Museum als: **Mittheilungen aus dem Königl. Mineralogischen Museum in Dresden**" veröffentlichten Jahresberichte bieten Gelegenheit dar, die wichtigeren neuen Bereicherungen der Sammlungen kennen zu lernen, welche durch Ankauf oder Austausch, sowie durch Geschenke von allen Theilen der Erde in reichlichem Maasse dem Museum zugeflossen sind und noch täglich zufliessen.

III.
Die mineralogischen Sammlungen.

Die mineralogischen Sammlungen des K. Mineralogischen Museums in Dresden verdanken ihren Hauptschmuck, die Silber- und Golderze, Edelsteine und Prachtstücke vieler anderer Mineralien, meist der älteren Zeit, über welche vorher berichtet worden ist.

Ihre gegenwärtige Aufstellung wurde in dem Jahre 1857 durchgeführt. Sie zerfallen in eine **allgemeine** und eine **vaterländische Mineralien-Sammlung**.

Die **allgemeine** Sammlung ist in den Pultschränken 1 bis 21 längs der Fenster und in dem oberen Theile des Saales aufgestellt, die **vaterländische** Sammlung nimmt die Mittelschränke I—XV von dem Eingange des Saales aus ein, während grössere Schaustücke und einzelne Local-Sammlungen, welche beide Sammlungen ergänzen, die Wandschränke A—S anfüllen.

Ein darüber angefertigter Katalog nimmt Bezug auf den früher erwähnten Gössel'schen Katalog.

Die Anordnung dieser Sammlungen geschah durch den jetzigen Director nach vorherrschend chemischen Principien, wobei für die nichtmetallischen Mineralien die Säure, für die metallischen aber das Metall als maassgebend betrachtet worden ist.

Hierbei wurde zunächst der Zweck erreicht, die Genesis der einzelnen Mineralien möglichst zu berücksichtigen und namentlich die mannichfachen secundären Erzeugnisse im

Mineralreiche in die Nähe derjenigen Mineralien zu stellen, aus welchen dieselben entstanden sind und mit denen sie meist zusammen vorkommen.

Die hier befolgte Anordnung hat aber auch noch einen besonderen praktischen Werth, da dem Beschauer der Sammlung die Orientirung in ihr sehr erleichtert wird. Der **Ingenieur** sieht die Mineralien nahe beisammen, welche die für ihn so wichtigen Gebirgsarten zusammensetzen; der **Chemiker** findet hier alle Kupfererze, alle Bleierze und die aus ähnlichen Gruppen neben einander, während dieselben in den nach einseitig chemischem oder nach einseitig krystallographischem Principe geordneten Systemen an den verschiedensten Orten zerstreuet liegen; der **Laie** begegnet zuerst dem Quarze, dem ihm in der Regel am frühesten bekannt gewordenen Minerale.

Mit dem **Quarze**, auf welchen zuerst der Begriff „Krystall" übertragen worden ist, und dessen reinste Abänderung noch heute den Namen „Bergkrystall" führt, mit ihm, der den Haupttheil der festen Erdrinde zusammensetzt und den man fast überall findet, beginnt unsere Anordnung.

Ihm folgen in der ersten Klasse „**Geolithe**", Tridymit und Opal. Feldspathe reihen sich an und die ihnen ähnlich zusammengesetzten Skapolithe und Gläser, denen die Thone als ihre Zersetzungsproducte folgen.

Die Zeolithe, als Verbindungen denkbar zwischen einem Feldspathe und Wasser, gehen den Glimmern voraus, in welchen zu den bisher vorwaltenden Leichtmetallen noch ein Schwermetall, meist Eisen, getreten ist.

Hornblendeartige Mineralien mit ihren Zersetzungsproducten und Pseudomorphosen, den talkartigen Mineralien, bilden einen natürlichen Uebergang von den vorhergehenden zu den Edelsteinen, deren Reihe der Olivin beginnt. Seinen physikalischen Eigenschaften nach ein Edelstein, ist seine chemische Constitution wie seine Form analog der des eigentlichen Serpentins, welcher am Ende der vorigen Gruppe steht. Den Schluss der Edelsteine bildet Spinell, dessen Form und chemische Formel mit der des Magneteisenerzes an dem Anfange der zweiten Klasse übereinstimmt.

In der zweiten Klasse, „Metalle," steht das wichtigste Metall, das Eisen, obenan, durch das reichhaltigste Eisenerz auf unserer Erde, das Magneteisenerz, an Spinell sich anschliessend. Dem Eisen folgen die übrigen Schwermetalle, theils nach ihrem elektro-chemischen, theils nach ihrem mineralogischen Verhalten gruppirt. Die drei rhomboëdrisch krystallisirenden Metalle Wismuth, Antimon und Arsen bilden den Schluss.

Nach dem Grundsatze, dass ein natürliches System auf Kosten der Natürlichkeit nicht einseitig consequent sein darf, sind bei einigen Metallen die Sauerstoffverbindungen, bei anderen die Schwefelverbindungen an die Spitze gestellt worden. Denn während es jene sind, aus welchen das Eisen geschmolzen wird, so sind es diese gerade, welche für die Gewinnung von Blei, Zink und anderen Metallen am wichtigsten werden und aus denen die Sauerstoffverbindungen und Salze zum Theil erst hervorgegangen sind.

In der dritten Klasse, „Metalloide," finden Schwefel und seine Genossen, Selen und Tellur, neben Arsen in der vorigen Klasse den geeignetsten Platz. Urkohlenstoff, Diamant und Graphit gehören aus chemischen Rücksichten neben dieselben. Es wurde jedoch vorgezogen, den Diamant als Anhang zur Gruppe der Edelsteine zu bringen, da er gerade, wenn auch als reiner Kohlenstoff von allen anderen Edelsteinen streng geschieden, der kostbarste Edelstein ist, den gewiss jeder Laie auch dort suchen wird.

Die Mitglieder der vierten Klasse, „Anthrakoide," treffen wir meist an dem Anfange oder dem Ende der verschiedenen Mineralsysteme. Sie sind grösstentheils Entmischungs- oder Zersetzungsproducte organischer Körper, gehören als solche mehr in das Gebiet der Geologie, als in das der Mineralogie, und sollten deshalb am allerwenigsten an die Spitze eines Mineralsystems gestellt werden. Diese Stellung hatte zwar ihren Grund sowohl in ihrer chemischen als ihrer physikalischen Beschaffenheit, namentlich durch die Aehnlichkeit anthracitischer Kohlen und sogenannter Kohlenblende mit Graphit, allein dennoch ist sie nicht natürlich.

Durch die gegenwärtige Anordnung wird den wissenschaftlichen Anforderungen insofern Rechnung getragen, als jene kohligen und anderen Entmischungsproducte der organischen Welt von dem Urkohlenstoff systematisch geschieden sind und dennoch dicht neben ihm liegen.

Den **Schwarzkohlen** mit **Anthracit** folgen die **Braunkohlen**, **Erdöl** u. s. w., fossile Harze und **organisch-saure Salze**, wie Mellit oder Honigstein, und Oxalit, deren Säuren als Verbindungen von Kohlenstoff und Sauerstoff eine Brücke zu der folgenden Klasse bilden, die mit den **kohlensauren** Verbindungen beginnt.

Fünfte Klasse: „**Halolithe**" oder **Salze und salinische Erden.** Die **Carbonate**, als Verbindungen der Kohlensäure mit dem Oxyde eines Leichtmetalles, beginnen hier aus dem schon angeführten Grunde und weil auch die Kohlensäure selbst ein gewöhnliches Entmischungsproduct organischer Körper ist. Unter ihnen steht **Kalkspath** oder **Calcit**, als das wichtigste und am meisten verbreitete kohlensaure Salz, obenan. Es folgen dann **Sulphate** oder Verbindungen der Schwefelsäure, **Borate** oder Verbindungen der Borsäure, **Nitrate**, Verbindungen der Salpetersäure, **Phosphate**, die der Phosphorsäure, **Fluoride**, als Verbindungen des Fluor, und **Chloride** oder Chlorverbindungen mit Leichtmetallen. Das hochwichtige **Steinsalz** und seine Begleiter bilden unter diesen den Schluss. Sein sehr allgemeines Vorkommen im Wasser führt uns auf dieses, und so finden Wasser und Eis, als einziger Anhang dieses Mineralsystems, hier eine geeignete Stellung.

Man kann mit dem Wasser den Anfang und das Ende eines Mineralsystems bezeichnen. Im ersteren Falle würde dasselbe als die erste Familie der Geolithe seinen besten Platz finden, welcher als zweite Familie die Silices folgen.

Wie dasselbe in der Natur in alle Mineralgruppen eingreift, so lassen sich dieselben vor seinem Einflusse auch in den Räumen einer Sammlung kaum schützen. Man findet eine Uebersichtstafel der von Herrn J. F. A. Franke in Dresden in den Jahren 1845 und 1846 beobachteten Schneekrystalle an dem Ende des Saales aufgehängt.

Wo es die Räumlichkeiten gestatten, wird man durch eine Anordnung der Sammlungen in einem geschlossenen Ringe die natürlichen Verwandtschaften der hier unterschiedenen Gruppen weit besser erkennen, als dies der Fall sein kann, wo ihre Anordnung in der Richtung einer geraden Linie erfolgen muss.

Zur Erläuterung hierfür dient das nachfolgende Schema:

I. Geolithi.

Wasser | 1. Silices.
($H_2O = \dot{H}$). | (SiO_2 oder SiO_3).

Meteoriten.

Arsen . .   . . Eisen.

II. Metalla.

III. Metalloidea.   IV. Anthracoidea.   V. Halolithi (Carbonata — Chloridea).

2. Pyromachetae.   3. Argillitae.   4. Zeolithi.   5. Phyllitae.   6. Amphibolitae.   7. Scleritae.

Nachdem die hier befolgte systematische Anordnung der Mineralien in der 1858 erschienenen Schrift: „Das Königliche Mineralogische Museum in Dresden" zu ihrer besseren Begründung bis in ihre Einzelnheiten durchgeführt und von chemischen Formeln begleitet worden ist, sind die letzteren hier nicht wieder aufgenommen, da man Gelegenheit findet, sie auf den Etiquetten der Sammlung selbst oder in einem jeden Lehrbuche der Mineralogie zu vergleichen, welches zu schreiben nicht der Zweck eines Führers durch das Dresdener Museum sein kann.

I. Classe. Geolithi. Geolithe.

1. Fam. Silices. Kiesel.

Schränke 1—3. I—III. A—E.

1. Quarz. Kieselsäure. = $\overset{..}{\text{Si}}$ oder $\overset{...}{\text{Si}}$.*) — Siebente Härtestufe.

a. Krystallinische Varietäten: Bergkrystall und Rauchtopas, Amethyst, Rosenquarz, Faserquarz, Gemeiner Quarz, Avanturin, Siderit, Eisenkiesel, Milchquarz, Prasem, Schillerquarz, Katzenauge, Chrysopras.

Zwei Wandbilder beziehen sich auf den Fund von grossen Krystallen am Tiefengletscher, Canton Uri, Geschenk des Herrn Grossrath Fr. Bürki in Bern.

b. Unkrystallinische Varietäten: Chalcedon mit Onyx, Mokkastein, Kaschelong, Plasma, Carneol, Heliotrop, Achat;

---

*) Si = 21,3, wenn die Formel der Kieselsäure Si O_3 oder $\overset{...}{\text{Si}}$ ist, Si = 14,2, wenn ihre Formel Si O_2 oder $\overset{..}{\text{Si}}$ gesetzt wird. Im ersteren Falle ist O = 8, im letzteren O = 16.

Jaspis, Hornstein, Holzstein, Kohlenhornstein, Lydit und Kieselschiefer, Feuerstein, Puddingstein, Schwimmstein.
Anhang: Sand, Sandstein, Fulgurit oder Blitzröhren.*)
2. Tridymit *G. rom Rath.* Im Wesentlichen Kieselsäure, von einer anderen Form als Quarz.
3. Opal. Amorphe Kieselsäure und Wasser.
Varietäten: Hyalith, edler Opal, Hydrophan, gemeiner Opal, Feueropal, Halbopal, Holzopal, Jaspopal, Menilit, Forcherit, Alumocalcit.
Anhang: Polierschiefer, Klebschiefer, Tripel, Kieselguhr und Bergmehl, Kieselsinter und Kieseltuff.

2. Fam. Pyromachetae, Feldspathe, Skapolithe und Gläser.

Schränke 4. 5. III. F.

a. Feldspathe.

Verbindungen der Kieselsäure mit Thonerde und Alkalien oder alkalischen Erden.

1. Orthoklas *Breithaupt.* Kali-Feldspath. — Sechste Härtestufe.

Varietäten: Adular und Mondstein, gemeiner Feldspath oder Pegmatolith, Paradoxit *Breith.*, Weissigit *Jenzsch*, Perthit, Amazonenstein, Mikroklin, Felsit oder dichter Feldspath mit Bandjaspis, Leelit *Clarke* oder sarkophager Felsit *Breith.*
2. Sanidin *Nose.* Rhyakolith oder glasiger Feldspath. Natronhaltiger Kali-Feldspath.
3. Albit *Rose.* Natron-Feldspath. Periklin, Tetartin, Peristerit, Chesterlith.
4. Loxoklas *Breith.*

---

*) Jene weithin bekannte, über 16 Fuss lange Blitzröhre, welche der Bergkommissär Dr. Fiedler 1822 auf dem Sandhügel in der Nähe des Lincke'schen Bades bei Dresden ausgegraben hatte, ist in dem Zwingerbrande von 1849 untergegangen.

5. Petalit *Andrada.* Lithionhaltiger Feldspath.
6. Oligoklas *Breith.* Natron-Kalk-Feldspath. Sonnenstein oder Avanturin-Feldspath.
7. Andesin *Abich.* Saccharit *Glocker.*
8. Leucit *Werner.*
9. Labradorit oder Labrador *W.* Kalk-Feldspath. Dichter Labradorit, Saussurit, Jade. — Grosse Exemplare in Schrank F, z. Th. Gesch. d. Herrn B. Kinne in Herrnhut.
10. Isopyr *Turner.*
11. Amphodelit *Nordenskiold.* Rosellan, Rosit.
12. Nephelin *Hauy.* Fettstein, Beudantin.
13. Anorthit *Rose.* Diploit *Breith.*
14. Porcellanspath *Fuchs.* Passauit.
15. Couzeranit *Charpentier.*

b. Skapolithe.

Die chemische Masse vieler Feldspathe und Skapolithe ist identisch; beide Gruppen sind, nach *Scheerer,* durch polymere Isomorphie und Dimorphie verbunden.

16. Skapolith *Werner.* Wernerit *Mohs,* Mejonit *Hauy,* Ekebergit, Algerit, Fuscit.
17. Sarkolith *Thomson.*
18. Melilith *Bellevue.* Humboldtilith, Humboldtit.
19. Dipyr *Hauy.*

c. Gläser.

Wasserfreie oder wasserhaltige amorphe Substanzen, welche zum Theil ursprüngliche glasartige Massen oder durch Umschmelzung feldspathartiger oder thoniger Gesteine entstanden sind.

20. Obsidian. — Ein natürliches Glas. — Pseudochrysolith oder Bouteillenstein. Bimsstein. Tachylit *Breith.* — Plateados v. Mexico.
21. Pechstein. Sphärolith und Fluolith. — Ein wasserhaltiges Glas.

22. **Perlit oder Perlstein.**
23. **Porcellanjaspis und Basaltjaspis.** — Ein natürliches Porcellan.

3. Fam. Argillitae. Thone.

Schränke 5. III. IV. F.

Meist durch Zersetzung von Feldspathen oder feldspathreichen Gesteinen entstanden.

1. **Kaolin oder Porcellanerde.** Normale Zusammensetzung: 39,2 Thonerde, 47,1 Kieselsäure und 13,7 Wasser. — Die zur Porcellanfabrikation in Meissen verwendeten Materialien liegen im Schranke III.
2. **Thon. Argile. Clay.**
Varietäten: Pfeifenthon, Töpferthon, feuerfester Thon, Gelberde, Lehm und Löss.
3. **Schieferthon.** *Var.:* Schieferiger Th., bunter Th., Kräuterschiefer.
4. **Thonschiefer.** *Var.:* Dach- und Tafelschiefer, Wetzschiefer, Rothschiefer, Zeichnenschiefer, Alaunschiefer, Griffelschiefer.
5. **Montmorillonit** *Salvétat.* Malthacit *Breith.*
6. **Halloysit** *Berthier.* Galapectit *Breith.*
7. **Nakrit** *Vauquelin.*
8. **Anauxit** *Breith.*
9. **Bol** *W.* Fettbol, Ochran, Sphragid, Siderbol.
10. **Steinmark** *W.* Carnat und Myelin *Breith.*
11. **Eisensteinmark** *Schüler.* Teratolith *Breith.* Sächsische Wundererde, terra miraculosa Saxoniae, im Wesentlichen wasserhaltiges Thonerde-Eisensilikat, im Schrank IV.
12. **Allophan** *Stromeyer.*
13. **Chromocker.**
14. **Wolchonskoit** (Wolkonskoit) *Kämmerer.*
15. **Kollyrit** *Freiesleben.*

16. Schrötterit *Glocker.*
17. Bergseife, Bockseife.
18. Walkerde oder Walkererde.

4. Fam. Zeolithi. Zeolithe.

Schränke 5. 6. IV. G.

Verbindungen von kieselsaurer Thonerde mit kieselsauren Alkalien oder alkalischen Erden und mit Wasser. Nur einigen derselben fehlt die Thonerde, während andere Borsäure enthalten. Sie schmelzen vor dem Löthrohre unter Aufschäumen oder Aufblähen zu einem blasigen Glase.

1. Stilbit *Hauy.* Heulandit, Blätterzeolith.
2. Epistilbit *Rose.*
3. Brewsterit *Brooke.*
4. Desmin *Breith.* Strahlzeolith.
5. Harmotom *Hauy.* Kreuzstein.
6. Phillipsit *Lévy.* Kalkharmotom, Kaliharmotom.
7. Zeagonit *Gismondi.*
8. Faujasit *Damour.*
9. Natrolith *W.* Mesotyp z. Th., Natronmesotyp, Faserzeolith. — Palaeonatrolith, Radiolith, Spreustein, Bergmannit.
10. Skolezit *Fuchs.* Mesotyp z. Th., Kalkmesotyp, Mesolith. Poonalith oder Punalith.
11. Levyn *Brewster.*
12. Phakolith *Breith.*
13. Chabasit *W.*
14. Analzim *Hauy.* Cubizit, Cuboit.
15. Herschelit *Lévy.*
16. Gmelinit *Brooke.*
17. Laumontit *Hauy.* (Fälschlich: Laumonit und Lomonit.) — Sehr schön aus dem Plauen'schen Grunde in Schrank IV.
18. Leonhardit *Blum.*

19. Brevicit *Berzelius.*
20. Mesol *Berz.*
21. Prehnit *W.*
22. Thomsonit *Brooke.* Comptonit.
23. Datolith *W.* — Prachtexemplare von Bergen Hill, New-Jersey, Gesch. d. Hrn. Prof. Brush in Newhaven.
24. Botryolith *Hausmann.*
25. Prosopit *Scheerer.* — In Schrank IV.
26. Apophyllit *Hauy.* Albin und Ichthyophthalm. — Grosses Exemplar in Schrank G, Geschenk des Herrn Dr. V. Walther in Aussig.
27. Okenit *v. Kobell.*

5. Fam. Phyllitae. Glimmer.
Schränke 6. IV. G.

Wasserfreie oder wasserhaltige Verbindungen von kieselsauren Alkalien oder alkalischen Erden mit kieselsaurer Thonerde oder Oxyden von Schwermetallen, meist Eisen. Die Krystalle sind meist nach ihrer Basis sehr deutlich spaltbar.

1. Kaliglimmer oder Muscovit, Phengit, Fuchsit oder Chromglimmer. Lichter Glimmer z. Th., optisch zweiaxiger Glimmer, Katzensilber und Katzengold.
Lithionglimmer oder Lepidolith, Lithionit und Zinnwaldit. — Prachtexemplare von Muscovit mit Magnetit aus Pennsylvanien neben Schrank H aufgehängt.
2. Magnesiaglimmer oder Biotit. Dunkler Glimmer z. Th., optisch einaxiger Gl., Rubellan.
3. Phlogopit *Breith.*
4. Astrophyllit *Scheerer.*
5. Margarit *Fuchs.* Perlglimmer.
6. Katapleit *Weybie.*
7. Chloritoid *Breith.* Chloritspath.
8. Chlorit *W.* Ripidolith *G. Rose.*

9. **Ripidolith** *v. Kobell.* Klinochlor *Blake*, Chlorit *G. Rose.*
10. **Leuchtenbergit** *Komonen.*
11. **Pyrophyllit** *Hermann.*
12. **Delessit** *Naumann.* Eisenchlorit *Delesse.*
13. **Glaukonit** *Keferstein.*
14. **Thuringit** *Breith.*
15. **Hisingerit** *Berz.* Thraulit.
16. **Liëvrit** *W.* Ilvait. — Ausgezeichnete Krystalle von Elba, Gesch. d. Hrn. Dr. Alph. Stübel.
17. **Karpholith** *W.*
18. **Pyrosmalith** *Hausmann.*
19. **Cronstedit** *Steinmann.* Chloromelan *Breith.*
20. **Stilpnomelan** *Glocker.*
21. **Ottrelit** *Hauy.*
22. **Cordierit** *Hauy.* Dichroit, Jolith, Peliom, Steinheilit, Luchssapphir, Wassersapphir. — Daran schliessen sich als wasserhaltige Mineralien: Praseolith, Gieseckit, Pinit, Gigantolith, Pyrargillit etc.
23. **Brandisit** *Haidinger.* Disterrit.
24. **Xanthophyllit** *G. Rose.*
25. **Kämmererit** *Nordenskiöld.* Rhodochrom.
26. **Jefferisit** *Brush.*

6. Fam. Amphibolitae. Hornblenden und Talke.

Schränke 7. 8. V. VI. G. H.

Meist Verbindungen der Kieselsäure mit Monoxyden, von denen ein jedes R durch je 3 Atome $\dot{H} = (\dot{H})$ vertreten werden kann, theilweise auch mit Sesquioxyden $\ddot{R}$, von welchen nach polymer-isomorphen Gesetzen je 1 Atom durch je 3 Atome $\dot{R}$ und je 3 Atome $\ddot{R}$ durch je 2 $\dddot{Si}$ vertreten werden können, was durch $(\dot{R})$, $(\ddot{R})$ und $(\dddot{Si})$ ausgedrückt wird.

1. **Epidot** *Hauy.* Pistazit, Skorza, Zoisit, Puschkinit, Manganepidot, Bucklandit, Thulit.
2. **Orthit** *Berz.* Allanit, Cerin, Uralorthit, Pyrorthit. — Gute Krystalle aus dem Syenit des Plauenschen Grundes in Schrank V.
3. **Gadolinit** *Ekeberg.* Ytterbyit.
4. **Cerit** *Berz.* Cerinstein, Cererit.
5. **Tritomit** *Weybie.*
6. **Thorit** *Berz.* Orangit *Krantz.*
7. **Babingtonit** *Lévy.*
8. **Amphibol** *Hauy.* Hornblende. Tremolit, Grammatit, Calamit, Aktinolith, Aktinot oder Strahlstein, Anthophyllit, Pargasit, Karinthin, Arfvedsonit, Krokydolith, Richterit, Pitkärandit, Uralit. — Prachtexemplar von faserigem Strahlstein in Bergkrystall von Madagaskar in Schrank 7.
9. **Akmit** *Berz.* Achmit.
10. **Amphibolische Talke** *Scheerer,* nach der Formel des Amphibol, jedoch wasserhaltig. Talk von Tyrol und vom Gotthard, Topfstein von Zöblitz, Speckstein von Wunsiedel, Meerschaum. — Erste Härtestufe!
11. **Agalmatolith** *v. Leonhard.* Bildstein der Chinesen.
12. **Onkosin** *v. Kob.* — Grosse Exemplare aus Sachsen in Schrank G.
13. **Augit** *W.* Pyroxen *Hauy.* Diopsid, Sahlit oder Salit, Fassait, Kokkolith, Jeffersonit, Kolophonit, Breislakit, Aegerin, Baikalit, Diallag oder Diaklas, Hypersthen oder Paulit, Bronzit oder Phästin, Smaragdit oder Omphacit.
14. **Augitische Talke** *Scheerer.* Asbest *W.* oder Amianth, Bergholz, Bergkork.
Nephrit oder Beilstein, Punamastein.
15. **Pyrallolith** *Nordensk.*
16. **Saponit** *Webster.* Seifenstein.
17. **Nontronit** *Berthier.* Pinguit *Breith.*
18. **Seladonit.** Grünerde von Verona.

19. Chlorophacit *Macculloch.*
20. Enstatit *Kenngott.*
21. Wollastonit *Hauy.* Tafelspath.
22. Batrachit *Breith.*
23. Spodumen *W.* Triphan, Killinit.
24. Wichtisit *Hausm.* Wichthyn.
25. Sordawalit *Nordensk.*
26. Mangansilicat. Mangankiesel, Kieselmanganerz, Rhodonit, Bustamit, Fowlerit.
27. Schillerspath *Heyer.* Bastit *Haidinger.*
28. Antigorit *Schweizer.*
29. Pikrosmin *Haid.* Kymatin.
30. Quincyit *Berthier.*
31. Kerolith *Breith.*
32. Serpentin *W.* Ophit, Ophiolith, Pikrolith, Metaxit, Holzasbest, schillernder Asbest oder Chrysotil, Baltimorit, Williamsit. — Ausgezeichnete Krystalle von Snarum in Schrank S. Serpentin und Serpentinfels von Zöblitz und anderen Gegenden Sachsens in den Schränken VI, II, und in der geologischen Sammlung, Geschenk des Herrn Director Röbbelen in Zöblitz.
33. Gymnit *Thomson.* Deweylit *Emmons.*
34. Hydrophit *Svanberg.*
35. Dermatin *Breith.*
36. Pimelith *Karsten.*
37. Völknerit *Herm.* Hydrotalkit *G. Rose.* Houghit *Shepard.*

7. Fam. Scleritae. Edelsteine.
Schränke 8. 9. VI. VII. II. J.

Mineralien von hohen Härtegraden und spröder Beschaffenheit, meist von unmetallischem Ansehen, in ihren reinen oder edlen Varietäten wasserhell oder lebhaft gefärbt, oft durchsichtig und mit hohem Glanze.

1. **Olivin** *W.* Peridot, Chrysolith, Monticellit, Hyalosiderit, Knebelit, Tephroit.
2. **Vesuvian** *W.* Idokras, Egeran, Cyprin.
3. **Gehlenit** *Fuchs.*
4. **Granat** *W.* Grenat, Garnet. Grossular, Romanzowit, Kaneelstein oder Hessonit, Almandin, Allochroit, Kolophonit, Pyrenait, Melanit, Uwarowit, Erlan.
5. **Pyrop** *W.* Böhmischer Granat.
6. **Helvin** *W.*
7. **Chondrodit** *d'Ohsson.*
8. **Humit** *Bournon.*
9. **Turmalin** *W.* Schörl, Rubellit, Aphrit. — Krystallgruppe von Dobrowa in Kärnthen, Geschenk des Herrn v. Rosthorn.
10. **Axinit** *Karsten.* Thumit, Thumer Stein.
11. **Leukophan** *Esmark.* **Melinophan** *Scheerer.*
12. **Eudyalit** *Stromeyer.*
13. **Sodalith** *Thomson.*
14. **Nosean** *Klapr.* Spinellan *Nose.*
15. **Hauyn** *Neergaard.*
16. **Lasurstein.** Lapis Lazuli. Ultramarin. — Als grosse Seltenheit ein Krystall in Schrank 9.
17. **Cancrinit** *Rose.* — Prachtexemplar von Litchfield, Mass., Gesch. d. Hrn. Prof. G. J. Brush in Newhaven.
18. **Topas** *W.* Topaze. Physalith, Pyknit. — Achte Härtestufe! — Grosser Topaskrystall von Aduntschelon in Schrank 9.
19. **Euklas** *Hauy.*
20. **Beryll** *W.* Aquamarin, Smaragd, *Emeraude, Emerald.* — Grosser Krystall in Schrank J.
21. **Phenakit** *Nordensk.*
22. **Chrysoberyll** *W.* Cymophan.
23. **Zirkon** *W.* Hyacinth.
24. **Malakon** *Scheerer.*

25. Staurolith *Karsten.*
26. Cyanit *W.* Disthen, Rhätizit, Fibrolith, Bucholzit.
27. Andalusit *Lamétherie.*
28. Chiastolith *Karsten.* Hohlspath.
29. Korund *W.* Sapphir, Rubin, Salamstein, Diamantspath, *Emery, Ruby,* Smirgel. — Neunte Härtestufe!
30. Diaspor *H.*
31. Gibbsit *Torrey.* Hydrargillit.
32. Brucit *Beudant.*
33. Spinell *W.* Rubin-Spinell oder Rubin Balais, Pleonast und Ceylanit, Chlorospinell, Automolith, Gahnit oder Zinkspinell, etc. — Schöne Spinelle aus Ceylon, Gesch. des Herrn Milner Stephen.
Anhang. Diamant. Demant. — Zehnte Härtestufe! — Neben zahlreichen Originalexemplaren sind hier auch Modelle verschiedener grosser Diamanten aufgestellt.

II. Classe. Metalla. Metalle und Metallsalze.

1. Fam. Ferrum. Eisen. Fe.
Schränke 10. 11. VII. VIII. J. K. L.

1. Gediegen Eisen. Meteoreisen, u. a. von Braunau, gefallen den 14. Juli 1847, Gesch. d. Herrn Abt Joh. Ign. Rotter; von Rittersgrün, Gesch. des Herrn Oberbergrath Dr. Breithaupt. Ein Modell hiervon auf Schrank H; von Nöbdenitz, Gesch. des Herrn Pastor Nürnberger, und von Atakama, Gesch. des Herrn Präsident Dr. Behn.
Anhang: Meteorsteine, wie von Pultusk, Gesch. des Herrn Director Dr. Drechsler; Fundeisen, z. B. von Cotta bei Pirna, Gesch. der Frau Baronin v. Burchardi.

2. Magneteisenerz. Magneteisenstein. Magnetit. — Eisenoxydul-Oxyd mit 72,4 Proc. Eisen und 27,6 Proc. Sauerstoff. — Grosses Exemplar neben Schrank O.

3. **Chromeisenerz.** Chromeisenstein, Chromit.
4. **Zinkeisenerz.** Franklinit.
5. **Trappeisenerz** *Breith.* Titaneisenerz und Eisensand z. Th.
6. **Titaneisenerz.** Iserin, Ilmenit, Menakeisenerz, Washingtonit, axotomes und haplotypes Eisenerz, Basanomelan, Eisensand z. Th.
7. **Rotheisenerz** oder Rotheisenstein. — Eisenoxyd mit 70 Proc. Eisen und 30 Proc. Sauerstoff. — Eisenglanz oder Glanzeisenerz, Eisenglimmer, Eisenrahm, Hämatit, rother Glaskopf, Blutstein, Rotheisenocker. Rothes Thoneisenerz oder thoniger Rotheisenstein, Röthel, rother Eisenoolith u. s. w. — Grosses Exemplar neben Schrank N.
8. **Göthit** *Beudant.* Nadeleisenerz, Lepidokrokit, Pyrosiderit, Stilpnosiderit.
9. **Brauneisenerz** oder Brauneisenstein. — Eisenoxydhydrat mit 85,6 Proc. Eisenoxyd und 14,4 Proc. Wasser. — Limonit, brauner Glaskopf, Brauneisenocker. Thoniges Brauneisenerz oder brauner Thoneisenstein, brauner Eisenoolith, Eisenniere, Bohnerz, Raseneisenerz oder Raseneisenstein, Sumpferz, Morasterz, Wiesenerz, Degeröit u. s. w. — Grosse Exemplare neben Schrank M.
10. **Xanthosiderit** *Schmid.* Gelbeisenerz.
11. **Eisenspath** oder Spatheisenstein. Siderit. — Wesentlich kohlensaures Eisenoxydul mit 62 Proc. Eisenoxydul. — Sphärosiderit, thoniger Sphärosiderit, Kohleneisenstein oder Blackband.
12. **Magnetkies** *W.*
13. **Schwefelkies** *W.* Pyrit *Haid.* Eisenkies z. Th. Mit 46,7 Eisen und 53,3 Schwefel.
14. **Markasit** *Haid.* Eisenkies z. Th. — Von gleicher Zusammensetzung. — Strahlkies, Speerkies, Kammkies, Leberkies, Zellkies.

15. **Arsenkies** *Naum.* Arsenikkies, Mispickel. Weisserz, silberhaltig, Kobaltarsenkies oder Glaukodot.
16. **Plinian** *Breith.* — Prachtexemplare in Schrank 9 und IX.
17. **Arseneisen** *Naum.* Glanzarsenikkies, Arsenosiderit, Lölingit u. s. w.
18. **Eisenvitriol** *Hausm.* Grüner Vitriol, Copperas.
19. **Vitriolocker** *Berz.* Misy, Copiapit.
20. **Pissophan** *Breith.*
21. **Diadochit** *Br.* Phosphoreisensinter.
22. **Pittizit** *Hausm.* Arseneisensinter, Gänseköthigerz, Chenokoprolith, Ganomatit.
23. **Vivianit** *W.* Blaueisenerz, Eisenblau, Blaueisenerde, Eisenphyllit.
24. **Dufrenit** *Brongn.* Kraurit.
25. **Delvauxit** *Dumont.*
26. **Kakoxen** *Steinm.*
27. **Triplit** *Hausm.* Eisenpecherz z. Th.
28. **Triphylin** *Fuchs.*
29. **Karphosiderit** *Breith.*
30. **Childrenit** *Brooke.*
31. **Skorodit** *Breith.*
32. **Pharmakosiderit** *Hausm.* Würfelerz.
33. **Arseniosiderit** *Dufrénoy.*

2. Fam. Manganium. Mangan. Mn.

Schränke 11. IX. L.

1. **Hausmannit** *Haid.* Schwarzmanganerz. — Manganoxyduloxyd.
2. **Braunit** *Haid.* — Manganoxyd.
3. **Pyrolusit** *Haid.* — Manganhyperoxyd. Weichmanganerz, Braunstein vorzugsweise.
4. **Polianit** *Breith.* — Von gleicher Zusammensetzung.

5. **Manganit** *Haid.* — Manganoxydhydrat. Glanzmanganerz, Graumanganerz, Graubraunsteinerz, Manganmulm z. Th. Varvicit *Phillips*. Reissacherit *Haid*.
6. **Psilomelan** *Haid.* Hartmanganerz, schwarzer Glaskopf, Schwarzeisenstein.
Zersetzungsproducte: Wad, Kakochlor, Kobaltmanganerz oder schwarzer Erdkobalt, Kupferschwärze und Pelokonit u. s. w.
7. **Umbra**. Umber von Cypern.
8. **Mangansilicat** s. S. 25.
9. **Manganspath** *W*. Rothmanganerz z. Th., Himbeerspath, Eisenmanganspath. — Im Wesentlichen kohlensaures Manganoxydul.
10. **Manganblende** *Br*. Manganglanz oder Schwefelmangan.
11. **Hauerit** *Haid*. — Schöner Krystall in Schr. 11.

3. Fam. Niccolum und Cobaltum. Nickel und Kobalt. Ni, Co.
Schränke 12. IX. L.

1. **Chloanthit** *Br*. und **Speiskobalt** *W*. Strahlkobaltkies, Wismuthkobalterz.
2. **Arsennickel**. Arseniknickel, Weissnickelkies.
3. **Rothnickelkies** *Naum*. Kupfernickel.
4. **Antimonnickel** *Hausm*.
5. **Antimonnickelglanz** *Rose*. Nickelantimonglanz, Nickelantimonkies, Nickelspiesglanzerz, Ullmannit.
6. **Arsennickelglanz** *Rose*. Nickelarsenikkies, Amoibit Kob.
7. **Kobaltglanz** *Hausm*. Glanzkobalt *W*.
8. **Nickelkies** *M*. Haarkies, Millerit.
9. **Eisennickelkies** *Scheerer*.
10. **Kobaltkies** *Hausm*.
11. **Kobaltvitriol**. Bieberit.

12. Röttisit *Breith.*
13. Konarit *Breith.*
14. Nickelblüthe *Hausm.* Nickelgrün, Nickelocker.
15. Kobaltblüthe *Hausm.* Kobaltbeschlag.
16. Köttigit *Naum.* Zinkarseniat.

4. Fam. Zincum und Cadmium. Zink und Cadmium. Zn. Cd.

Schränke 12. X. K. b. L.

1. Zinkblende. Schwefelzink. Blende, Sphalerit, Strahlenblende, Przibramit, kadmiumhaltig. Leberblende.
2. Greenockit *Brooke.*
3. Rothzinkerz. Zinkoxyd. Zinkit, Spartalith.
4. Zinkvitriol. Weisser Vitriol.
5. Zinkspath *Leonh.* Kohlensaures Zinkoxyd. Kapnit oder Eisenzinkspath.
6. Zinkblüthe *Karsten.*
7. Willemit *Lévy.* Wilhelmit.
8. Troostit *Shepard.*
9. Galmei. Calamin, Zinksilikat, Kieselzinkerz, Kieselgalmei, Zinkkieselerz, Zinkgrammit.

Anhang: Zink- und Bleierze aus den Gruben des Märkisch-Westphälischen Bergwerkvereins bei Iserlohn. In Schrank K. b. Geschenk des Herrn Betriebsführer Utsch in Iserlohn.

5. Fam. Chromium, Chrom. Cr.

Chromeisenerz s. S. 28.
Chromocker s. S. 20.

6. Fam. Uranium. Uran. U.

Schränke 12. X.

1. Uranpecherz *W.* — Uranoxyduloxyd. Pecherz, Pechuran, Pechblende, Pittinerz.

2. Eliasit *Haid.* Gummierz.
3. Uranocker *W.* Uranblüthe, Urangrün.
4. Uranit *Haid.* Uranglimmer, Uranphyllit, Kalk-Uranit oder Autunit und Kupfer-Uranit oder Chalkolith. — Prachtstücken aus Cornwall, in Schrank 12, Geschenk des Herrn Rich. Broad.

7. Fam. Cuprum. Kupfer. Cu.

Schränke 12. 13. X. L. a. M.

1. Gediegen Kupfer. — Exemplare von Coro in Bolivia, Geschenk des Herrn Al. Lindig.
2. Rothkupfererz. Cuprit. — Kupferoxydul. Kupferblüthe, Ziegelerz, Kupferlebererz. — Prachtexemplare in Schrank 12, Geschenk des Herrn B. Botfield.
3. Tenorit *Semmola.* — Kupferoxyd. — Geschenk des Herrn Dr. Alph. Stübel.
4. Malachit *W.* — Kohlensaures Kupferoxyd mit Wasser. Berggrün. — Prachtexemplare in Schrank 12.
5. Lasurit *W.* Kupferlasur, Azurit. — Prachtexemplar von Chessy, in Schrank 13.
6. Kupfervitriol. Blauer Vitriol, Kupferwasser.
7. Brochantit *Léry.*
8. Linarit *Brooke.* Bleilasur, Kupferbleispath.
9. Lettsomit *Percy.* Kupfersammterz.
10. Dioptas *H.* Kupfersmaragd.
11. Kieselmalachit *Hausm.* Kupfergrün, Kieselkupfer, Kupferkiesel, Chrysocolla, Chalkostactit.
12. Phosphorchalcit *v. Kob.* Phosphorkupfererz.
13. Ehlit *Breith.*
14. Tagilit *Hausm.*
15. Libethenit *Breith.* Olivenerz z. Th.
16. Olivenit *L.* Olivenerz z. Th.
17. Aphanesit *Beudant.* Strahlerz *W.* Klinoklas, Abi-

chit. — Prachtexemplar von Gwennap, Geschenk des Herrn R. Broad.
18. **Euchroit** *Breith.*
19. **Chalkophyllit** *Br.* Kupferglimmer, Kupferphyllit.
20. **Lirokonit** *Haid.* Linsenerz *W.*, Linsenkupfererz, Chalkophacit.
21. **Tyrolit** *Haid.* Kupferschaum *W.* z. Th.
22. **Volborthit** *Rose.*
23. **Atakamit** *Blumenbach.* Salzkupfererz, Halochalcit.
24. **Kupferglanz** *Hausm.* — Schwefelkupfer. Kupferglas, Chalkosin. — Prachtexemplare aus Cornwall, Geschenk des Herrn B. Botfield.
25. **Redruthit** *Breith.* — Prachtexemplare, Geschenk des Herrn B. Bothfield.
26. **Silberkupferglanz** *Hausm.*
27. **Selenkupfer** *M.* Berzelianit, Berzelit.
28. **Kupferindig** *Freiesleben.* Kobellin.
29. **Kupferkies** *W.* — Schwefelkupfer und Schwefeleisen. Chalkopyrit. Nierenkies.
30. **Homichlin** *Breith.*
31. **Buntkupfererz** *W.* Buntkupferkies, Poikilopyrit, Poizilit.
32. **Weisskupfererz** *W.*
33. **Arsenkupfer** *Zincken.* Condurrit *Phill.*
34. **Enargit** *Breith.*
35. **Antimonkupferglanz** *Breith.* Wolchit.

Anhang: Kupfer-, Blei- und Silbererze aus Chili und anderen Staaten Südamerika's in Schrank L. b. Geschenk des Herrn L. Durassié in Paris.

8. Fam. Plumbum. Blei. Pb.
Schränke 13. 14. X. XI. M.

1. Gediegen Blei.
2. **Bleiglanz** *W.* Galena. — Schwefelblei. Blaubleierz. Bleischweif, antimonhaltig.

3. Selenblei *G. Rose.*
4. Geokronit *Svanb.*
5. Boulangerit *Thaulow.* Schwefelantimonblei, Embrithit.
6. Bournonit *Thomson.* Schwarzspiessglanzerz *W.*, Spiessglanzbleierz, Bleifahlerz.
7. Heteromorphit *Rammelsberg.* Federerz, Plumosit.
8. Jamesonit *Haid.*
9. Plagionit *G. Rose.*
10. Zinckenit *G. Rose.*
11. Minium. Mennig.
12. Chlorblei. Cotunnit *v. Kob.*
13. Mendipit *Breith.*
14. Bleicarbonat *Naum.* Weissbleierz und Schwarzbleierz, Bleispath, Cerussit, Bleiweiss und Bleischwärze, Bleierde.
15. Bleisulphat *Naum.* Bleivitriol, Vitriolbleierz, Anglesit, Thiodinspath.
16. Bleichromat. Chrombleispath, Rothbleierz, Krokoit, Krokoisit.
17. Vauquelinit *v. Leonhard.*
18. Bleimolybdat. Molybdänbleispath, Gelbbleierz *W.*, Wulfenit.
19. Bleiwolframiat. Wolframbleierz, Scheelbleierz, Scheelbleispath, Scheeletin, Stolzit.
20. Vanadinit *Haid.*
21. Pyromorphit *Hausm.* Bleiphosphat und Bleiarseniat. Phosphorbleierz, Arsenikbleierz, Grün- und Braunbleierz, Buntbleierz, Miesit, Polysphärit, Mimetesit, Minetit, Kampylit, Hedyphan, Nussierit.
22. Bleigummi *v. Leonhard.* Gummispath.
23. Bleiniere *Hausm.*

9. Fam. Argentum. Silber. Ag.

Schränke 14. XI. M. N.

1. **Gediegen Silber.** — Ausgezeichnete Exemplare aus Sachsen in Schrank XI. und 14. — Ex. aus der Provinz Armeria in Spanien, Geschenk des Herrn Alb. Engelmann.
2. **Amalgam** *W.*
3. **Antimonsilber** *Leonh.* Spiessglassilber *W.*, Silberspiessglanz, Diskrasit.
4. **Arsensilber** *W.*
5. **Silberglanz** *Leonh.* — Schwefelsilber mit 87 Silber und 13 Schwefel. Glaserz *W.*, Argentit, Argyrose, Argyrit. Silberschwärze.
6. **Akanthit** *Kenngott.*
7. **Tellursilber** *Rose.* Weisstellurerz, Weisssylvanerz.
8. **Eugenglanz** *Breith.* Polybasit, Sprödglaserz z. Th.
9. **Melanglanz** *Breith.* Schwarzgiltigerz, Melanargyrit, Stephanit, Sprödglaserz z. Th.
10. **Tetraedrit** *Haid.* Weissgiltigerz, Graugiltigerz, Fahlerz oder Fahlglanz, Silberfahlerz, Quecksilberfahlerz oder Spaniolit, Spiessglanzfahlerz, Arsenikfahlerz, Schwarzerz, Tennantit, Kupferblende und Zinkfahlerz.
11. **Rothgiltigerz** *W.* oder Rothgüldigerz. Dunkles R., Antimonsilberblende, Pyrargyrit; lichtes R., Arsensilberblende, Proustit.
12. **Freieslebenit** *Haid.* Schilfglaserz.
13. **Feuerblende** *Breith.*
14. **Miargyrit** *H. Rose.* Hemidomblende, Hypargonblende, Hypargyrit.
15. **Sternbergit** *Haid.* Silberkies *Breith.*
16. **Chlorsilber** *Berz.* Hornsilber, Silberhornerz, Hornerz, Kerat, Kerargyrit. — Grösstes Exemplar von 14 Mark 1¼ Loth Gewicht in Schrank XI.
17. **Bromsilber** *Berthier.*

10. Fam. Aurum. Gold. Au.
Schränke 14. XI. M.

1. Gediegen Gold. — Nr. 111 Prachtstück von dendritischem Vorkommen in Oregon, Geschenk des Prof. J. D. Dana in Newhaven; Ex. aus Neu-Schottland, Geschenk des Hrn. Leop. Bürkner; Ex. aus Australien, Geschenk des Hrn. Milner Stephen, in Schrank XI. — Modell des grössten Goldklumpen aus der Colonie Victoria, von 2166 Unzen Gewicht und 55843½ Thaler Werth. Geschenk des Hrn. W. Bragge in Sheffield. — Elektrum oder Goldsilber.

2. Sylvanit *Haid.* Schrifterz *W.*, Schrifttellur, Schriftglanz, Weisstellur, Weisssylvanerz, Aurotellurit. — Vgl. Cl. II. 9. Fam. Nr. 7.

3. Nagyagit *Haid.* Nagyager Erz *W.*, Blättererz, Blättertellur, Tellurglanz.

11. Fam. Platinum. Iridium. Palladium. Rhodium. Osmium. Platin u. s. w. Pl. Ir. Pa. Rh. Os.
Schrank 14.

1. Gediegen Platin. Eisenplatin, Polyxen.
2. Platiniridium *Svanb.*
3. Iridosmium *Hausm.*

12. Fam. Hydrargyrum. Mercur. Quecksilber. Hg.
Schränke 15. XI. N.

1. Mercur *Naumann.* Gediegen Quecksilber.
2. Zinnober *W.* Schwefelquecksilber. Mercurblende. Karbonblende, Mercurleberblende, Quecksilberlebererz, Korallenerz.
3. Selenmercur *Hausm.* Selenquecksilber, Selenschwefelquecksilber, Mercurglanz, Onofrit.

4. Chlormercur *Naum.* Quecksilberhornerz *W.*, Hornquecksilber, Mercurkerat, Hydrargyrit.

13. Fam. Stannum. Zinn. Sn.
Schränke 15. XII. N.

1. Zinnerz *W.* — Zinnoxyd oder Zinnsäure. Zinnstein, Zinngraupen, Zinnzwitter, Cassiderit. Cornisches Zinnerz, faseriges Z., Faserzinnerz, Holzzinn, Eisenzinnerz, *Bell metal or.*
2. Zinnkies *W.* Stannin.

14. Molybdaenium. Molybdän. Mo.
Schränke 15. XII.

1. Molybdänglanz. Schwefelmolybdän. Molybdänit, Wasserblei *W.*
2. Paterait *Haid.*
3. Molybdänocker *Karsten.*

15. Fam. Wolframium. Wolfram oder Scheel. W.
Schränke 15. XII.

1. Wolframit *Breith.* Wolfram *W.*, Prismatisches Scheelerz, Scheelin.
2. Scheelit *Leonh.* Scheelspath, Schwerstein, Tungstein. — Grosser Krystall von Schlaggenwald, in Schrank 15.

16. Fam. Titanium. Niobium (Pelopium und Columbium). Ilmenium. Tantal. Ti. Nb. Il. Ta.
Schränke 15. XII.

1. Rutil *W.* — Titansäure. Nigrin.
2. Anatas *Hauy.* — Von gleicher Zusammensetzung. Octaedrit, Oisanit, Dauphinit.

3. **Brookit** *Lévy.* — Von gleicher Zusammensetzung.
4. **Perowskit** *Rose.* Perofskit.
5. **Polymignit** *Berz.*
6. **Titanit** *Klapr.* Sphen, Braun- und Gelbmenakerz.
7. **Mosandrit** *Erdm.*
8. **Wöhlerit** *Sch.* Eukolith.
9. **Polykras** *Sch.*
10. **Euxenit** *Sch.*
11. **Pyrochlor** *Wöhler.*
12. **Aeschynit** *Berz.*
13. **Columbit** *Rose.* C. von Haddam, Connecticut.
14. **Niobit** *Haid.* Columbit von Bodenmais.
15. **Tantalit** *Ekeberg,* von Kimito in Finnland.
16. **Yttrotantalit** *Berz.*

17. Fam. Bismuthum. Wismuth. Bi.
Schränke 15. XII.

1. Gediegen Wismuth.
2. Wismuthglanz *W.* Bismuthin, Bismutholamprit.
3. Tetradymit *Haid.* Tellurwismuth.
4. Kupferwismuthglanz *Naum.* Kupferwismutherz, Wismuthkupfererz, Bismuthocuprit.
5. Nadelerz *M.* Belonit. Aciculit.
6. Wismuthbleierz *Leonh.*
7. Kieselwismuth *Naum.* Wismuthblende.
8. Hypochlorit *Schüler.* Grüne Eisenerde.
9. Wismuthocker *W.*
10. Pucherit *Frenzel.* Vanadinsaures Wismuthoxyd.

18. Stibium. Antimon. Sb.
Schränke 15. XII. N.

1. Gediegen Antimon. Ged. Spiessglanz.
2. Antimonglanz oder Antimonit. — Schwefelantimon, Grauspiessglanzerz, Stibin, Stibnit. — Grosse Krystalle von

Massiac, Dept. du Cantal, Geschenk des Hrn. Dittmarsch-Flocon.
3. Eisenantimonglanz. Berthierit, Haidingerit.
4. Antimonblende *Breith.* Rothspiessglanzerz, Rothspiessglaserz, Pyrostibit, Pyrantimonit, Karmesit. Zundererz.
5. Antimonblüthe *Leonh.* Weissspiessglanzerz, Weissantimonerz, Antimonspath, Valentinit, Stibit, Ein und einaxiges Antimonoxyd.
6. Senarmontit *Dana.* Octaedrisches Antimonoxyd.
7. Antimonocker *Naum.* Gelbantimonerz.
8. Roméit *Dufrénoy.*

19. Fam. Arsenicum. Arsen. As.
Schränke 15. XII. N.

1. Gediegen Arsen. Gediegen Arsenik, Scherbenkobalt, Giftkobalt, Fliegenstein. — Grosses Exemplar in Schrank N.
2. Antimonarsen *Naum.*
3. Realgar. Rauschroth. Rothe Arsenikblende. — Schwefelarsen.
4. Auripigment *Plinius.* Rauschgelb, Gelbe Arsenikblende, Phyllinblende, Citrit, Operment, Orpiment.
5. Arsenik *Haid.* Arsenige Säure, Arsenikblüthe, Octaedrische und ein und einaxige arsenige Säure.
6. Pharmakolith *Hausm.* Arsenikblüthe *W. z. Th.*

III. Classe. Metalloidea. Metalloide.

1. Fam. Sulphur, Selenium, Tellurium. Schwefel, Selen, Tellur. S, Se, Te.
Schränke 16. XII. N.

1. Gediegen Tellur. Gediegen Sylvan *W.*
2. Schwefel. Natürlicher Schwefel, Sulphur, Sulfur.

2. Fam. Carbonicum. Kohlenstoff. C.
Schränke 16. XII. N.

1. Diamant. Demant, Diamond, Adamant, Adamas *Plinius*. — Zehnte Härtestufe! Schrank 9.
2. Graphit *W.* Reissblei, Plumbago, *Black Lead.* — Einen grösseren Graphit-Block von der unteren Tunguska im nördlichen Sibirien verdankt das Museum Hrn. Sidoroff in St. Petersburg. Neben Schrank N.

IV. Classe. Anthracoidea. Kohle, Bitumen, Harze u. s. w.
Schränke 16. XII. N.

1. Fam. Lithanthraces. Schwarzkohlen und Anthracit. Coal.
(Vgl. die Exemplare in den geologischen Sammlungen.*)

A. Schwarzkohlen im engeren Sinn (Coal, Houille, bituminöse Kohle, Gaskohle, Fettkohle, magere Steinkohle z. Th., Sinterkohle, Ess- oder Eschkohle, Flammkohle u. s. w.).

1. Pechkohle. Pitch-Coal. Sigillarienkohle, Farnenkohle, Wälderkohle.
2. Kännelkohle. Candle Coal. Boghead Coal, Turban Hill mineral.
3. Russkohle. Faserkohle z. Th., Lösch oder Kohlenlösche.
4. Kohlenschiefer. Schiste charbonneux. Grobkohle, Kohlenstein.
5. Schieferkole. Slate Coal. Blätterkohle *W.*
6. Mulmkohle *Gein*.

---

*) Vgl. Geinitz, Fleck und Hartig, die Steinkohlen Deutschlands und anderer Länder Europas. I. p. 17 u. f.

B. Anthracitische Kohlen. (Entgaste Kohlen und magere Kohlen vorzugsweise.)

7. **Anthracit.** Muschelige oder eigentliche Glanzkohle *W.*, Kilkenny Coal.

8. **Stangenkohle.** Stängeliger Anthracit, natürliche Kokes.

9. **Faserkohle.** Faserige Holzkohle, mineralische Holzkohle *W.*, faseriger Anthracit.

2. Fam. Lignitae. Braunkohlen.
Schränke 16. XII. N.
(Vergl. die Exemplare in den geologischen Sammlungen.)

1. **Lignit.** Holzige Braunkohle, bituminöses Holz *W.*, Surturbrand z. Th.
2. **Muschelige und gemeine Braunkohle.** Surturbrand z. Th.
3. **Pechglanzkohle.** Pechkohle der Braunkohlenformation. Salonkohle. Militärkohle von Miesbach.
4. **Blätterige Braunkohle.** Laubkohle, Nadelkohle, Moorkohle.
5. **Erdige Braunkohle.** Erdkohle, bituminöse Holzerde u. s. w. Wachskohle, Paraffinkohle, Bernerde, Kölnische Umbra oder Kölnische Erde, Alaunerde, Kohlenletten.
6. **Papierkohle.** Stinkkohle, Dysodil.
7. **Schieferige Braunkohle und Brandschiefer.**

3. Fam. Turfae. Torfe.
Schrank XII.

1. **Torf.** Turf, Tourbe.

4. Fam. Asphaltitae. Erdöl, Erdwachs, Erdpech.
Schrank 16.

Im Wesentlichen Kohlenstoff und Wasserstoff, bei Nr. 2 und 3 auch Sauerstoff.

1. **Erdöl.** Bergöl, Steinöl, Naphta, Petroleum, Bitumen z. Th., Bergtheer.
2. **Asphalt.** Erdpech, Judenpech, Bitumen z. Th.
3. **Dopplerit** *Haid.*
4. **Elaterit** *Hausmann.* Elastisches Erdpech, fossiles Kautschuck.
5. **Piauzit** *Haid.*
6. **Ozokerit** *Glocker.* Erdwachs.
7. **Idrialit** *Schrötter.*
8. **Hatchettin** *Conybeare.*
9. **Fichtelit** *Bromeis.*
10. **Hartit** *Haid.*
11. **Könlit** *Schrötter.*

5. Fam. Retinitae. Harze.
Schrank 16.

Verbindungen von Kohlenstoff, Wasserstoff und Sauerstoff.

1. **Succinit** *Breith.* Bernstein, Amber, Succinum, Electrum der Alten.*) — Exemplare von Brüsterort, Gesch. des Herrn v. Normann.
2. **Retinit** *Leonh.* Retinasphalt.
3. **Walchowit** *Haid.*
4. **Anthrakoxen** *Reuss.*

6. Fam. Oxalitae. Organisch-saure Salze.
Schränke 16. XII.

1. **Mellit** *Hauy.* Honigstein.
2. **Oxalit** *Hausm.* Humboldtin, Eisenresin.

---

*) Eine Hauptzierde der früheren Sammlungen, 670 durch *Behrend* bestimmte **Versteinerungen in Bernstein**, ist in dem Zwingerbrande von 1849 mit untergegangen. Sie waren schon in *Sendel's* Kupferwerke „Historia Succinorum corpora aliena involventium" abgebildet, sowie später in *v. Heucher's* Nov. Invent. coll. Succinorum, 1730, mit aufgeführt worden.

V. Klasse. Halolithi. Salze und salinische Erden.

1. Fam. Carbonata. Carbonate. Verbindungen der Kohlensäure.

Schränke 17. XIII. XIV. O. P. Q.

1. **Kalkspath** *W.* Karbonspath oder Calcit. Rhomboedrischer kohlensaurer Kalk. — Dritte Härtestufe!
  a. blätterig. b. faserig: Faserkalk. Kalksinter, Tropfstein, Stalaktiten, Stalagmiten.
  c. körnig: Marmor, Anthrakolith, Anthrakonit, Lukullan, Lukullit, Stinkspath.
  d. dicht: Kalkstein, Stinkstein.
  e. erdig: Kreide, Mergel, Bergmilch oder Montmilch.
  Anhang: Rogenstein, Imatrastein, Kalktuff, Thonkalkspath, Dutenmergel oder Dutenstein, Mergelniere, Mergelschiefer etc. — Kalksinter von Baden-Baden, Gesch. d. Hrn. H. Ackermann. Ausgezeichnete Pseudomorphose nach Aragonit in Schrank 17, Nr. 14.
2. **Talkspath** *Hartm.* Kohlensaure Talkerde. Magnesit.
3. **Bitterspath, Braunspath** und **Dolomit**. Rautenspath, Eugenspath, Miemit, körniger Dolomit, Gurhofian, Tharandit, Ankerit oder Paratomspath *Breith.*, Braunspath *W.* oder tautokliner Carbonspath *Breith.*, kryptischer Carbonspath *Breith.*, faseriger und dichter Braun- und Bitterspath, Bitterkalkmergel etc.
4. **Mesitinspath** *Breith.* Breunerit, Pistomesit.
5. **Aragonit** *H.* Aragon. — Rhombischer kohlensaurer Kalk. Haplotyper, alloprismatischer A., faseriger A., Eisenblüthe, Sprudelstein, Erbsenstein, Kesselstein. — Künstlich abgelagerte Sprudelsteine, Geschenk des Herrn Chemiker C. Zimmermann. — Pseudomorphosen nach Gyps:

Schaumkalk und Schieferspath; nach Gaylussit: Natrocalcit, in Schrank 17.

    6. **Strontianit** *Sulzer.* Kohlensaure Strontianerde, Sulzerit, Emmonsit.

    7. **Witherit** *W.* — Kohlensaure Baryterde.

    8. **Hydromagnesit** *v. Kob.*

    9. **Predazzit** *Petzholdt.*

    10. **Natron** *Naum.* — Kohlensaures Natron, Soda, natürliches Mineral-Alkali *W.*

    2. Fam. Sulphata. Sulphate. Verbindungen der Schwefelsäure.

Schränke 18. XIV. R.

    1. **Schwerspath** *W.* Baryt, — Schwefelsaure Baryterde. Blätterig, mulmig, strahlig, faserig, körnig, dicht, erdig. Stangenspath, Bologneser Spath, Schwererde, Kalkschwerspath, Kalkbaryt oder krummschaliger Schw., Thonschwerspath.

    2. **Coelestin** *W.* — Schwefelsaure Strontianerde. Strontspath, Schützit, Barytocölestin.

    3. **Anhydrit** *Klaproth.* — Schwefelsaure Kalkerde. Karstenit, Muriazit, Vulpinit.

    4. **Gyps** *W.* — Schwefelsaure Kalkerde mit 20,9 Proc. Wasser. Selenit, Frauenglas, Fraueneis, Marienglas; faserig: Fasergyps; körnig: Alabaster; erdig. — Zweite Härtestufe!

    5. **Glauberit** *Brongniart.*

    6. **Glaubersalz.** — Schwefelsaures Natron mit Wasser. Mirabilit.

    7. **Polyhalit** *Stromeyer.* — Verbindung der Schwefelsäure mit Kali, Magnesia, Kalk und Wasser.

    8. **Simonyit** *Tschermak,* in Schrank 20.

    8a. **Kieserit** *Reichardt.* — Schwefelsaure Magnesia und 13 Proc. Wasser. Martinsit, in Schrank R. a.

9. **Bittersalz** *W.* — Schwefelsaure Magnesia und 51,2 Wasser. Epsomit.
10. **Alunit** *Beudant.* Alaunstein.
11. **Alaun.** Kalialaun, Ammoniakalaun, Eisenalaun.
12. **Keramohalit** *Glocker.* Haarsalz z. Th. und Bergbutter.
13. **Aluminit** *Haberle* Websterit.

3. Fam. Borata. Borate. — Verbindungen der Borsäure.

Schrank 19.

1. **Sassolin** *Hausm.* Borsäure und Wasser.
2. **Boracit** *W.* Borazit, Stassfurtit. — Krystalle von Lüneburg, Gesch. d. Hrn. Chemiker Dempwolf.
3. **Tinkal** *Hausm.* Borax. Borsaures Natron und Wasser.
4. **Larderellit** *Bechi.* — Gesch. d. Hrn. Dr. Alph. Stübel.
5. **Lagonit** *Huot.* — Gesch. d. Hrn. General Törmer.
6. **Sussexit** *Brush.*

4. Fam. Nitrata. Nitrate. — Verbindungen der Salpetersäure.

Schrank 19.

1. **Salpeter.** Nitrum. Kalisalpeter.

5. Fam. Phosphata. Phosphate. — Verbindungen der Phosphorsäure.

Schränke 19. 20. XV.

1. **Apatit** *W.* — Phosphorsaurer Kalk mit Chlor- oder Fluorcalcium. Spargelstein, Moroxit, Phosphorit, Staffelit, Osteolith. — Fünfte Härtestufe!

2. Monazit *Breith.*
3. Yttrophosphat *Rose.* Ytterspath z. Th.
4. Lazulith *Karsten.* Blauspath *W.*
5. Kalait *Fischer.* Türkis, Turquois, Variscit *Breith.*
6. Peganit *Breith.*
7. Wavellit *W.* Wawellit, Lasionit, Striegisan.
8. Amblygonit *Breith.* — Exemplare aus Sachsen in Schrank XV, und von Hebron in Maine in Schrank 20, Geschenk des Herrn Prof. Brush in Newhaven.
9. Struvit *Ulex.* Guanit.

6. Fam. Fluoridea. Fluoride. — Verbindungen des Fluor.

Schränke 20. XV. S.

1. Flussspath *W.* — Fluorcalcium. Fluorit, Fluss, Chlorophan, Flusserde. — Vierte Härtestufe!
2. Yttrocerit *Berz.* Ytterspath z. Th.
3. Kryolith *Andrada.* — Fluornatrium und Fluoraluminium.
4. Pachnolith *Knop.*
5. Thomsenolith *Dana.*

7. Fam. Chloridea. Chloride. — Verbindungen des Chlor.

Schränke 20. R. a. b. S. a. b.

1. Steinsalz. Kochsalz. — Chlornatrium, salzsaures Natron. — Zweite Härtestufe!
Vorkommnisse im Steinsalzgebirge von Berchtesgaden, Geschenk des Herrn Bergmeister Herb in Berchtesgaden, in Schrank S. a. b., Vorkommnisse von Wieliczka, Bochnia und Kalusz, Geschenk des Herrn Ritter A. Lipp in Lemberg, in

Schrank S. b. und Schrank R. b., Vorkommnisse in den Salzbergwerken von Stassfurt, Geschenk der Herren Salinenfactor a. D. Dr. C. Reinwarth und Chemiker Paul Reinwarth, in Schrank R. a., von Cardona in Catalonien, Geschenk des Herrn v. Minutoli, in Schrank S.

2. Sylvin *Beudant.* — Chlorkalium, salzsaures Kali.
3. Carnallit *H. Rose.* — Chlorkalium, Chlormagnesium und Wasser.
4. Kainit *Zincken.* — Chlorkalium, schwefelsaure Magnesia und Wasser.
5. Tachhydrit *Rammelsberg.* — Chlormagnesium, Chlorcalcium und Wasser.
6. Salmiak *W.* — Chlorammonium, salzsaures Ammoniak.

Anhangsweise sind in dem Vorzimmer der Mineralien-Galerie einige grössere Exemplare von Mineralien und Gebirgsarten aufgestellt, unter anderen ein 86 cm. langer und 40 cm. dicker Rauchtopas aus Ober-Wallis, geschliffene Platten von Achat aus Sachsen, Ruinenmarmor von Florenz, concentrisch-schalige Absonderungen von Granit und Grünstein, Geschenke der Herren Bergfactor J. Jul. Richter, Betriebs-Oberinspector B. Engelhardt und E. Zschau, eine Sammlung Gesteine aus dem Altai, welche in der Kais. Kolywan'schen Schleiferei zu Kunstgegenständen Verwendung finden, Geschenk des Herrn Oberst von Pischke, ein Schrank mit mineralogischen Curiositäten aus alter und neuer Zeit, und ein monumentaler Aufsatz, aus sächsischen und ausländischen Steinen zusammengesetzt, welcher dem Könige der Sachsen Friedrich August dem Gerechten am Tage der fünfzigjährigen Jubelfeier seiner Regierung den 15. September 1818 gewidmet worden ist.

Ein aus den geschlämmten Ackerarten Sachsens zusammengestellter „Ackerfarbenspiegel des Königreiches Sachsen" von dem um die Bodenkunde Sachsens hochverdienten Advocat Friedr. Albert Fallou in Waldheim befindet sich in der Galerie selbst neben Schrank H.

IV.
Die geologischen Sammlungen.

Die neue Begründung eines geologischen Museums fällt in das Jahr 1849, nachdem im Mai dieses Jahres die früheren geologischen Sammlungen durch den Brand des Zwingers gänzlich zerstört worden waren. Den ersten Anfang dazu bildete eine Sammlung von diluvialen Säugethieren von Oelnitz im Voigtlande, welche der frühere Kreisdirector von Künssberg und Oberst von Gutbier der Wissenschaft und dem Vaterlande gerettet hatten und die 1849 aus den Räumen der Königl. Kreisdirection in Zwickau nach Dresden übersiedelt wurde; den Hauptstamm für dieses Museum lieferte jedoch die Anfangs 1850 angekaufte Sammlung von Versteinerungen und Gebirgsarten des Dr. August L. Sack in Halle a. d. S., an welche sich 1853 die Sammlung des Oberst von Gutbier aus der Steinkohlenformation und dem Rothliegenden Sachsens, später die des jetzigen Directors und verschiedene andere Sammlungen angeschlossen haben.

Die zu einem Ganzen vereinten Sammlungen sind in 55, je mit 20 Schubfächern und einem Glaspulte versehenen Schränken längs der Mitte und längs der Fenster des Saales, sowie in grossen, mit Glasthüren versehenen Wandschränken und einigen dazwischen befindlichen grösseren Gruppen untergebracht.

Auf dem unter Taf. 1 beifolgenden Situationsplane ist die Stellung sämmtlicher Schränke ersichtlich. Die an den Fenstern befindlichen sind mit deutschen Zahlen, jene längs der Mitte des Saales mit römischen Zahlen, die an den Wänden befindlichen mit grossen Buchstaben unterschieden.

Die Anordnung des gesammten Materials entspricht einem Durchschnitte der Erdrinde auf Taf. 2. Von dem Eingange des Saales aus gelangt man aus den Gebilden der gegenwärtigen Schöpfung in immer ältere Gesteinsbildungen mit ihren organischen Ueberresten, bis zuletzt an dem Ende des Saales in Schrank 17 die krystallinischen Schiefer, welche frei von organischen Resten sind, die Reihe beschliessen.

Man gewinnt in den längs der Fenster aufgestellten Pultschränken 1—17 eine Uebersicht der wichtigsten Gebirgsarten, welche während der nach einander folgenden Erdbildungsepochen entstanden sind, sowohl der geschichteten, aus den Gewässern abgeschiedenen sogenannten **neptunischen** oder **sedimentären**, als auch der verschiedenen krystallinischen Massengesteine, sogenannten **plutonischen** und **vulkanischen** Gesteine, welche von Zeit zu Zeit als Eruptivgesteine aus dem Innern der Erde hervorgedrungen sind und die regelmässig geschichteten Ablagerungen durchbrochen haben.

Während man daher an dem Eingange des Saales in dem an dem Fenster befindlichen **Schranke 1** die jüngsten Laven oder vulkanischen Producte dicht neben den jüngsten sedimentären Ablagerungen der Quartärzeit oder des Alluvium und Diluvium in den Mittelschränken I. und Ia. antrifft, liegen die Basalte und Trachyte in den **Schränken 2 u. 3** neben den organischen Resten der Braunkohlenformation oder Tertiärzeit, in den Schränken II. und IIa., III. und IIIa., die Porphyre und älteren Melaphyre oder Basaltite in den **Schränken 8 und 9** in der unmittelbaren Nähe der Dyas und der Steinkohlenformation; es begleiten die älteren Grünsteine in dem Schranke 15 die devonischen und silurischen Schichten in den Schränken XVII., XVIIa., XVIII., XVIIIa. und XIX., und der Granit und Syenit folgen als älteste Eruptivgesteine in dem Schranke 16 unmittelbar den krystallinischen und azoischen Schiefern in dem Schranke 17.

Die mittleren Schränke des Saales I.—XX. und die Wandschränke A.—P. sind mit den organischen Ueberresten oder Versteinerungen der verschiedenen Gebirgsformationen oder geologischen Gruppen, Terrains der Franzosen, erfüllt, innerhalb welcher eine systematische Anordnung, von dem vollkommeneren zu dem niederen Organismus schreitend, und von dem Thierreiche zum Pflanzenreiche, durchgeführt ist.

Dies entspricht der gesammten Anordnung unserer geologischen Sammlungen, worin man das vollkommenste Geschöpf der Erde, den Menschen und die Producte seiner verschiedenen Thätigkeit, an dem Eingange des Saales zu suchen hat.

Es sollen die auf Taf. 2 unterschiedenen 9 Hauptgruppen in der Reihe geologischer Formationen oder Terrains ihrem relativen Alter nach, also von dem Ende des Saales au, noch näher beleuchtet werden.

I. Azoische Zeit oder Urzeit.
1. Urschiefergruppe.

Die Reihe der Gebirgsarten beginnt in Schrank 17 mit dem grauen Gneiss oder Fundamentalgneiss, der als das erste Erstarrungsproduct der einst geschmolzenen Erdrinde betrachtet wird.

Es ist ein schieferig-körniges Gemenge von Feldspath, Quarz und dunkelem Glimmer. Daran schliesst der rothe Gneiss des Sächsischen Erzgebirges, meist mit röthlichem

Feldspath und lichtem Glimmer, der sich als eruptives Gestein in den Fundamentalgneiss eingedrängt hat. Es folgen dann andere krystallinische Schiefer, wie **Glimmerschiefer, Chloritschiefer, Talkschiefer, Hornblendeschiefer** u. s. w., welche zum Theil durch Metamorphose gewöhnlicher Thonschiefer entstanden sind, und der versteinerungsleere **Thonschiefer** oder **Urthonschiefer** selbst, mit den in diesen azoischen Schiefern eingelagerten körnigen Kalksteinen oder dem **Urkalk**. Dies sind die ältesten sedimentären Gebilde!

Einige Urkalke, als **Ophicalcite** unterschieden, haben unter Aufnahme von Serpentin eine eigenthümliche Structur angenommen, die man als **eozonale** Structur bezeichnet, nachdem mehrere Forscher darin die organische Structur einer riesigen Foraminifere zu erkennen meinten, welcher der Name **Eozoon canadense** ertheilt worden ist. Ein typisches Exemplar davon von Petite Nation in Canada, Geschenk des Herrn Director J. W. **Dawson** in Montreal, und Exemplare von anderen Fundorten liegen in der letzten Reihe des Schrankes 17.

Eruptivgesteine der azoischen Zeit.
Schrank 16.

Nahe verwandt mit dem Gneisse durch gleiche Bestandtheile unterscheidet sich der **Granit** durch sein krystallinisch-körniges Gefüge und seine massige Absonderung. Der alte Granit oder **Gebirgsgranit** gehört zu den ältesten Eruptivgesteinen der Erde, während jüngere Granite, sogenannte **Ganggranite**, zum mindesten bis in die Grauwackengruppe hinaufreichen.

Von einem nahezu gleichen Alter, wie das der älteren Granite, ist der **Syenit**, im Wesentlichen ein körniges Gemenge von gemeinem Feldspath und schwarzer oder dunkelgrüner Hornblende. Der Syenit des Plauenschen Grundes bei

Dresden, welcher neben Orthoklas auch einen Plagioklas (Oligoklas) enthält, hat ausgezeichnete Exemplare in diesem Schranke geliefert. Die mineralogischen Vorkommnisse in diesem Syenite, welche Herr E. Zschau in Dresden mit grösster Sorgfalt gesammelt hat, wurden der vaterländischen Sammlung in dem mineralogischen Saale einverleibt.

Schrank 15. Die älteren Grünsteine, die schon während der azoischen Zeit und in der älteren paläozoischen Zeit zu wiederholten Malen aus dem Innern der Erde emporgepresst wurden, erfüllen den Schrank 15 an den Fenstern. Man schied sie in

Diorit, ein Gemenge von schwarzer oder dunkelgrüner Hornblende mit Albit oder Oligoklas, neben welchen nicht selten etwas Quarz und Epidot vorkommen, und in

Diabas, Gemenge von Augit mit Labrador oder Oligoklas, wozu sehr häufig ein fein vertheiltes chloritisches Mineral tritt, und einige an den letzteren eng anschliessende Gebirgsarten, wie Hypersthenit, Euphotid, Gabbro und Eklogit.

Schrank 13. Andere alte Eruptivgesteine, namentlich eine Reihe von Gesteinen des Sächsischen Granulitgebirges, Granulit, Greisen, Topasfels, Quarzfelz und Serpentinfels haben in diesem Schranke ihre Stellung gefunden.

Granulit oder Weissstein ist ein feinkörniges bis dichtes meist inniges Gemenge von gemeinem Feldspath und Quarz, oft mit zahlreichen, parallel gelagerten Glimmerblättchen und mit Krystallen von Granat und blauem Cyanit.

Greisen, im Wesentlichen ein grobkörniges Gemenge von Quarz und lichtem Glimmer, häufig Zinnerz führend. Eine feinkörnige quarzreiche Abänderung bildet das Gestein im Stockwerk von Altenberg.

Serpentinfels liegt in den mannichfachen schönen Abänderungen vor, wie er bei Zöblitz und Waldheim in

Sachsen gewonnen wird und zu den verschiedensten Ornamenten und anderen Gegenständen Verwendung findet. Diese und eine sie ergänzende Gesteinssammlung von Zöblitz wurde durch Herrn Director Röbbelen in Zöblitz freundlichst eingesandt.

Unter den eben genannten Gebirgsarten ist Granulit die älteste, da sie im Sächsischen Granulitgebirge vielfach vom Granit und Serpentinfels durchsetzt wird.

II. Palaeozoische Zeit.

2. Grauwackengruppe.

Die Gliederung dieser Gruppe ist auf Taf. 2 zu ersehen. Ihre ältesten Glieder in Sachsen, welche in der Gegend von Leipzig, zwischen Lindenau und Klein-Zschocher, an dem Collmen bei Oschatz und in der Oberlausitz zwischen Radeburg, Königsbrück und Camenz auftreten, haben bis jetzt nur Spuren von organischen Resten wahrnehmen lassen[*]. Lingula Rouaulti *Salter* erscheint hienach als der älteste thierische Rest in diesem alt-silurischen Grauwackengebiete, während Spuren von Palaeophycus macrocystoides *Gein.* in dem Dachschiefer von Lössnitz, durch Herrn Factor Herbrig entdeckt, und Chondrites circinnatus *Hisinger* aus der Gegend von Lobenstein und Saalfeld im Schranke XVIIIa. als die ältesten Pflanzenreste in unserer Nähe betrachtet werden müssen.

Schrank 14 enthält eine Reihe Gebirgsarten der Grauwackenformation; zunächst Vertreter der cambrischen und silurischen Schichten Englands, 1860 durch Geinitz gesammelt, dann der silurischen und devonischen

---

[*] Vgl. Sitzungsb. d. Ges. Isis in Dresden, 1872, p. 172.

Schichten Sachsens und anderer Länder, zuletzt Proben des Old red sandstone von Wales. Unter diesen Handstücken verdienen mehrere ein ganz besonderes Interesse, da sie als Beweise für die plutonische Entstehung der Grünsteine gelten müssen: silurische Alaunschiefer mit Graptolithen, die durch Berührung mit diabasischem Grünsteine rothgebrannt, weissgebrannt und verschlackt worden sind.

Die organischen Reste der Grauwackenformation sind in 5 Pultschränken XVII., XVIIa., XVIII., XVIIIa. und XIX. und in dem Wandschranke P. vertheilt.

Gemäss der allgemeinen, hier innegehaltenen Systematik begegnet man in Schrank XVII. zunächst den Fischen des Devon oder alten rothen Sandsteins, Geschenk des Staatsrath v. Pander in Petersburg, welchen krebsartige Thiere folgen, mit Pterygotus bilobus *Salter*, Geschenk der Mrs. Cattley in Petersburg, Eurypterus remipes *Dekay* Geschenk des Hrn. Dr. Fischer von Benzon in Kiel, und den verschiedenen Trilobiten, Muschelkrebsen und Würmern, welche letzteren das Museum namentlich Herrn Bergmeister Hartung in Lobenstein aus dem Dachschiefer von Wurzbach verdankt. Daran reihen sich Cephalopoden oder Kopffüsser, Gasteropoden oder Schnecken und Pelecypoden oder Muscheln der Silur- und Devonzeit.

Schrank XVIII. folgen die Brachiopoden oder Armfüsser in prachtvollen Exemplaren und in reicher Fülle.

Schrank XVIIa. enthält sämmtliche von Geinitz beschriebene Vorkommnisse aus devonischen Schichten Sachsens und des angrenzenden reussischen und bayerischen Voigtlandes, sowie die Crinoideen oder Haarsterne der Grauwackenzeit.

Schrank XVIIIa. umschliesst eine reiche Sammlung silurischer Graptolithen zum grossen Theile aus Sachsen, und Pflanzenreste mit sehr vielen beschriebenen Originalen. In demselben Schranke befinden sich zugleich die als Oldhamia antiqua und Oldhamia radiata *Forbes* bezeichneten ältesten Pflanzenreste der Erde von Brayhead in Irland, sowie die schon erwähnten ältesten Pflanzenreste aus Sachsen und den benachbarten Länder-Abtheilungen.

Schrank XVIII b. ist ausschliesslich den Korallen der Silur- und Devonzeit gewidmet, während Schrank XX. eine treffliche Sammlung amerikanischer Vorkommnisse enthält und Schrank P. an dem Ende des Saales theilweise grössere Exemplare silurischer und devonischer Versteinerungen, ferner die Pflanzenreste aus dem Yellow sandstone von Kiltorkan in Irland, theilweise auch eine instructive Reihe von Belegstücken für Gesteinsgänge, Mineralgänge und Erzgänge umfasst.

3. Kohlengruppe.

Die für Sachsen hochwichtige Steinkohlenformation ist in dem K. Mineralogischen Museum ganz vorzüglich vertreten, und es knüpft sich an diese Sammlung eine Reihe der am Schlusse genannten monographischen Arbeiten an. Sie enthält namentlich alle durch Oberst von Gutbier und Geinitz beschriebenen Steinkohlenpflanzen.

Für die marinen Ablagerungen der unteren Etage, die sich als Kohlenkalk oder Bergkalk entwickelt haben, enthalten die Pultschränke XVI., XIX. und XX. ganz auserwählte Versteinerungen und es gehört z. B. die in XIX. befindliche Sammlung von 114 Arten meist wohlerhaltener Kelche von Crinoideen und vieler anderer Versteinerungen aus dem Kohlenkalk von Illinois und benachbarten Staaten, welche Prof. A. H. Worthen sehr genau bestimmt hat, zu den besonderen Zierden des Museums.

Die Pflanzenreste der Steinkohlenformation, welche den limnischen oder lakustrischen Ablagerungen der Stein-

kohlenformation entstammen, erfüllen die Mittelschränke
XIII., XIIIa., XIV., XIVa., XV., XVa., und die Wandschränke L., M. und N. Unter diesen hat der Schrank
XVa. speciell die aus der unteren Etage der Steinkohlenformation, oder dem Culm, der Zone der Lycopodiaceen,
stammenden Pflanzenreste aufgenommen, während die organischen Ueberreste der eigentlichen productiven Steinkohlenformation, mit der Hauptzone der Sigillarien und der
Hauptzone der Farne auf die anderen Schränke vertheilt
sind. Ihre Reihenfolge ergiebt sich am besten, wenn man
bei ihrer Besichtigung von dem Schranke XIII aus beginnt
und an den folgenden Pultschränken XIIIa., XIV., XIVa.,
XV. fortschreitend sich zu den Wandschränken L., M., N.
und der Gruppe bei O. wendet.

Schrank N. enthält ausserdem zahlreiche Proben von
Steinkohlen selbst aus den verschiedensten Gegenden,
namentlich aus Böhmen, Schlesien, Russland, Belgien, Spanien
und England, während die Steinkohlen Sachsens und
mehrerer anderer Länder Deutschlands in dem Schrank 11
am Fenster niedergelegt worden sind.

Unter diesen Steinkohlen verdienen in geologischer Beziehung besondere Aufmerksamkeit die in Schrank N. befindlichen Handstücke aus der Fixsterngrube in Schlesien,
welche durch Einwirkung eines Felsitporphyrs in Stangenkohle oder natürliche Koks umgewandelt worden sind und
hierdurch einen schlagenden Beweis für die plutonische
Enstehung jenes Porphyrs abgeben. Ein hierauf bezügliches
Profil, das von dem verstorbenen Markscheider Bocksch in
Waldenburg in Schles. herrührt, hängt über den grossen
Sigillarien-Stämmen in der Gruppe O. zwischen den Wandschränken N. und P.

Andere dort aufgehängte Profile geben ein Bild von der
Ablagerung der Steinkohlenformation in Westphalen und der
grossen Anzahl der darin vorhandenen Kohlenflötze, sowie

von der Beschaffenheit aller in dem **Hedwig-Schachte** bei Oelsnitz im Erzgebirgischen Bassin durchschnittenen Schichten der Steinkohlenformation und des Rothliegenden.

Ein Bild auf der anderen Seite des Saales neben dem Skelete des Riesenhirsches veranschaulicht die Flora der Steinkohlenzeit während der Bildung des tiefen Planitzer Flötzes bei Zwickau, welches der Zone der Sigillarien angehört.

Thierische Ueberreste der productiven Steinkohlenformation, namentlich die als **Anthracosia** unterschiedenen Muscheln, und eine Reihe der **ältesten Insecten** aus der Steinkohlenzeit, mit den von Dr. **Goldenberg** und Dr. **R. Andree** beschriebenen Originalen, sowie Exemplare der Krebsgattung **Bellinurus** aus Kohlenschiefern von Queen's Co. in Irland befinden sich in dem **Schranke** 12 am Fenster, welcher übrigens für Gebirgsarten der Steinkohlenformation bestimmt ist.

4. Dyas oder permische Gruppe z. Theil.

Murchison's ursprüngliche Gliederung der **permischen Formation**, die er noch in „**Siluria**" als eine paläozoische Trias bezeichnet, ist folgende:

„Untere bunte Schiefer.
Zechstein.
Rothliegendes."

In dieser Gliederung sind zwei Unrichtigkeiten enthalten: erstens gehören die bunten Schiefer, welche **Murchison** als gleichförmig über dem Zechsteine aufgelagert betrachtete, wegen ihrer an vielen Orten Deutschlands deutlichen **ungleichförmigen Auflagerung** nicht zu der darunter folgenden Gruppe des Zechsteins, sondern es beginnt mit ihnen vielmehr die eigentliche Trias, an welche sich dann die weiteren mesozoischen Ablagerungen anschliessen. Zieht man aber von einer paläozoischen **Trias** ein Glied ab, so bleibt ein **Dyas** übrig.

Zweitens ist nicht alles Rothliegende älter als Zechstein, denn schon v. Gutbier hat den Nachweis geführt, dass das obere Rothliegende eine gleichalterige Parallelformation für die marinen Sedimente des Zechsteins sind.

Den Namen „Rothliegendes" oder „Todtliegendes" für schwarze, oft kupferführende Brandschiefer und andere nicht roth gefärbte Schichten der unteren Dyas zu brauchen, kann wohl kaum passend erscheinen.

Aus Prioritätsrücksichten würde der Name „permische Formation" dem älteren Namen „peneische Formation" weichen müssen, welchen d'Omalius d'Halloy weit früher gegeben hat und der in Frankreich viel Anklang fand. Der von J. Marcou zuerst vorgeschlagene Name „Dyas" entspricht, wie an anderen Orten gezeigt worden ist, ganz dem zweifachen Charakter dieser Gruppe, welche einerseits durch eine Vertretung limnischer und mariner Gesteinsbildungen, anderseits aber durch das wesentliche Eingreifen von eruptiven Gesteinsbildungen in sedimentäre hier auf das Entschiedenste ihren dyadischen Charakter offenbart.

Das Dresdener Museum ist im Besitze der reichhaltigsten Sammlung aus dem Gebiete der Dyas. Eine Reihe der für sie charakteristischen Gebirgsarten ist, ausser zahlreichen in den Schubkästen verschlossenen Exemplaren, in den Schränken 6 und 10 an den Fenstern ausgelegt. Unter diesen enthält Schrank 6 die Gesteine der marinen Zechsteinformation mit dem Weissliegenden, Kupferschiefer, Zechstein, der Rauchwacke, dem Plattendolomit u. s. w.

Schrank 10 zeigt in einem Profile des Plauenschen Grundes die Gesteine des oberen und unteren Rothliegenden mit den das letztere begleitenden grauen Conglomeraten der unteren Dyas, unter welchen die Steinkohlenformation unmittelbar folgt.

Man findet in diesem Schranke gleichzeitig eine grosse Anzahl **fossiler Pflanzenreste** der unteren Dyas, aus Sachsen, Thüringen, der Wetterau, dem Saarbrückenschen, von Lodève in Frankreich, aus dem Gouvernement Orenburg und aus den wahrscheinlich dazu gehörenden Karoo-Bildungen in Südafrika. Letztere hat Herr A. Hübner in Freiberg gesammelt.

Die Fortsetzung der Pflanzenreste aus der unteren Dyas folgt in dem benachbarten **Mittelschranke XII. a.** und in dem **Wandschranke J**, während mehrere grössere Exemplare verkieselter Hölzer, wie **Araucarites Saxonicus** *Reichenbach* sp. von Chemnitz und **Raumeria Reichenbachi** *Göppert* aus der Gegend von Krakau in einer Wandgruppe zwischen den Schränken J und K zusammengestellt worden sind.

Unter den verkieselten Hölzern zeichnen sich ganz besonders die angeschliffenen Stämme von **Psaronius** oder Staarstein, **Calamodendron** und **Medullosa** aus, sowie Originale jener als **Schützia anomala** *Gein.*, **Guilielmites permianus** *Gein.* etc. beschriebenen Leitpflanzen, zu deren Erläuterung einige noch lebende Pflanzen beigefügt worden sind.

Thierische Ueberreste der unteren Dyas, mit den als **Saurichnites** beschriebenen Thierfährten, zahlreichen Fischen, Flügeln von Insecten aus dem Rothliegenden u. s. w. erfüllen den **Schrank 7** am Fenster.

Die zierlichen und ungemein reich vertretenen Versteinerungen der Zechsteinformation sind in den **Schränken XI., XI. a. und XII.** zusammengestellt und pflegen auf Fachleute grosse Anziehung auszuüben. Die grösseren Seltenheiten darin, wie **Hemitrochiscus paradoxus** *Schlotheim*, **Prosoponiscus problematicus** *Schl.*, **Conularia Hollebeni** *Gein.*, Kelche des **Cyathocrinus ramosus** *Schl.* etc., welche das Museum dem verst. Landjägermeister von Holleben in Rudolstadt, Diakonus Schubarth in Pösneck und Herrn A. Fischer in Pösneck verdankt, fehlen in den meisten Sammlungen.

Neben den Resten des deutschen Zechsteins sind aber auch jene in anderen Museen noch höchst seltenen Formen aus Russland, Geschenk der Herren Barbot de Marny und Val. de Möller in St. Petersburg, und Nordamerika, Geschenk der Herren Professoren J. D. Dana in Newhaven, L. Agassiz und J. Marcou in Cambridge, Mass., vorzüglich vertreten.

Eruptivgesteine von mittlerem Alter.

Man findet in wenigen Ländern der Erde so gute Gelegenheit, das Alter verschiedener Eruptivgesteine genauer festzustellen, wie in Sachsen. Der Steinkohlenzeit und der Zeit der Dyas fällt die Bildung der meisten Porphyre anheim.

Als **Porphyre** sind vorzugsweise Gesteine mit einer felsitischen oder feldspathreichen Grundmasse zu verstehen, in welcher einzelne Krystalle ausgeschieden sind. **Porphyre im engeren Sinne** besitzen eine dichte oder feinkörnige felsitische Grundmasse mit darin ausgeschiedenen Quarzkrystallen. Man nennt sie auch **Felsitporphyr, Quarzporphyr, Feldspathporphyr, Hornsteinporphyr**; bei den **Thonsteinporphyren** ist die Grundmasse rauh und porös; **Granitporphyr** besitzt eine klein- oder feinkörnige, aus Feldspath, Quarz und Glimmer oder Chlorit bestehende Grundmasse, worin grosse, theils ziegelrothe, theils gelblichgraue Orthoklaskrystalle eingestreuet liegen. Als **Porphyrit** wurden Porphyre ohne Quarzausscheidungen, dagegen oft mit Krystallen von Hornblende, Glimmer, Oligoklas u. s. w. unterschieden. **Pechsteine** schliessen sich sowohl ihrer chemischen Zusammensetzung als ihrem Alter nach eng an die Porphyre an, aus deren Umschmelzung unter starkem Wasserdrucke sie entstanden sein mögen.

Schrank 9 und 8. Die mannichfachen Porphyre Sachsens erscheinen ihrem Alter nach in folgenden Abänderungen: Porphyre, deren Entstehung in die Steinkohlenzeit fällt, wie der Dobritzer P., nach Naumann's Bestimmung der älteste Porphyr im Elbthale, der wahrscheinlich gleichalterige Flöhaer P., welcher die Sigillarienzone der Steinkohlenformation durchbrochen und sowohl mechanisch als chemisch verändert hat, während die Flötze aus der Zone der Farne ruhig darauf abgelagert wurden; ferner der sogenannte Kohlenporphyr des oberen Erzgebirges, welcher die Kohlenflötze der Sigillarienzone bei Altenberg, Schönfeld und Zaunhaus in Anthracit umgewandelt hat, während sich Geschiebe von ihm schon in den tiefsten Schichten der Steinkohlenformation des Plauenschen Grundes vorfinden, welche der Zone der Farne angehören. Von gleichem Alter mit diesem scheint der Hornblendeporphyrit von Potschappel oder Potschappeler Porphyr zu sein, über welchem sich die Steinkohlenformation des Plauenschen Grundes ruhig entwickelt hat.

Während der Bildungszeit der unteren Dyas sind die zahlreichen Abänderungen des Tharander und Zehrener Porphyrs entstanden, welchen die meisten Porphyre Sachsens und anderer Länder Deutschlands gleichgestellt werden müssen, ferner die Pechsteine der Zwickauer Gegend und in der Nähe von Tharand und Meissen; der Thonsteinporphyr von Hänichen bei Dresden aber hat, als der jüngste Porphyr in Sachsen, selbst noch die Schichten des oberen Rothliegenden oder der oberen Dyas durchbrochen.

Aeltere Melaphyre, oder Basaltit, mit ihren grünen und braunen Mandelsteinen in Schrank 8, wozu auch der Mandelsteinporphyr von *Weissig* oder Amygdalophyr von *Jenzsch* gehört, fallen in Sachsen allermeist in die Bildungszeit der unteren Dyas.

Basaltit ist ein inniges Gemenge von Hornblende und Oligoklas, worin nicht selten Blättchen von Magnesiaglimmer ausgeschieden sind, sowie Körner und Nester von bräunlichem oder olivengrünem Fettquarz. Im reinsten Zustande bildet das Gestein eine feinkörnige, fast dichte, wenn nicht porphyrische Masse von graulich- oder grünlich-schwarzer, auch röthlich- oder bräunlich-grauer Farbe. Durch Berührung mit schlammigen Schichten des Rothliegenden und des Steinkohlengebirges hat der Basaltit die verschiedenen braunen und grünen Mandelsteine des Erzgebirgischen Bassins gebildet. —

Augitporphyr des Fassathales, am Ende des Schrankes 8, ist von jüngerem Alter.

III. Mesozoische Zeit.

5. Trias.

Schrank 6. Die Trias beginnt mit den sandigen Küstenbildungen des bunten Sandsteines, die sich über dem oberen Zechsteine abgelagert haben. Darin zeigen sich Landpflanzen, wie Pleuromega Sternbergi *Münster* sp., und grosse Landsaurier, wie Trematosaurus Brauni *Burmeister*, in dem bunten Sandsteine von Bernburg, wovon das Museum die von Prof. Burmeister beschriebenen Originale besitzt und neuerdings noch andere Schädel durch Herrn Apotheker G. Bley in Bernburg erhielt; ferner jene berühmten Fährten-Reliefs des Chirosaurus Barthi *Kaup* von Hessberg u. a. Fundorten. Prachtvolle Exemplare davon liegen in den Mittelschränken X. und X. a. und in dem Wandschranke H. Eine Platte mit ähnlichen Fährten-Reliefs aus dem neurothen Sandsteine von Liverpool ist als Chirosaurus Kaupi *Owen* in einer Gruppe bei F zwischen den Wandschränken E und G aufgestellt.

Unter den Versteinerungen des Muschelkalkes, einer Meeresbildung der Trias, in dessen Gebiete sich oft noch Steinsalz vorfindet, sind Reste von Sauriern, Nothosaurus, und ein ausgezeichneter Kopf des Placodus Andriani *Mün.* in Schrank X., neben trefflich erhaltenen Kelchen des Encrinus liliiformis *Schloth.* in Schrank X. a. die werthvollsten Stücke.

Von Interesse für Fachleute sind ausserdem die Originale von Pflanzenresten aus dem Muschelkalke von Wogau bei Jena, die vom Staatsrath Schleiden 1846 beschrieben und hier niedergelegt worden sind.

Eine Reihe der bunten Keuperletten und Mergel überlagern, wie in der Natur, so auch in Schrank 6 die Gesteine des Muschelkalkes, während man mehrere Versteinerungen des Keupers in Schrank X. a. Herrn Dr. v. Schauroth in Coburg verdankt.

Eine Zwischenbildung zwischen Keuper und Lias, die rhätische Formation oder das Rhät, auch Zone der Avicula contorta genannt, ist noch lückenhaft vertreten.

6. Lias und Jura.

Schränke 5, VIII., VIII. a., IX., IX. a und G.

Die wichtigsten Gesteine des Lias und der Juraformation wurden auf der linken Seite des Schrankes 5 niedergelegt, die organischen Ueberreste derselben befinden sich in den genannten 4 Mittelschränken und in dem Wandschranke G. Unter diesen sind die werthvollsten Gegenstände: ein als Sphinx Schroeteri *Schl.* bezeichneter Schmetterling, der neben Libellen und Spinnen, Fischen, Krebsen, Sepien etc. aus dem lithographischen Schiefer von Solenhofen in Schrank VIII. gelangt ist, sowie namentlich die von Häckel in Jena und M. Brandt in Petersburg als Rhizostomites admirandus und Rh. lithographicus beschriebenen Quallen,

Modelle von Pterodactylus und ein Ichthyosaurus in Schrank G.

Grössere Exemplare von Ichthyosaurus und Mystriosaurus, sowie ein Modell des Plesiosaurus dolichodeirus und Pentacrinus subangularis aus dem Lias und Zeichnungen des Kopfes von Ichthyosaurus trigonodon aus dem Lias von Banz haben ihren Platz über den Wandschränken B—H gefunden, eine grössere Platte mit Pentacrinus aber in der Gruppe des Wandfeldes F.

7. Quader und Kreide.

Schrank 5, rechte Seite, enthält die wichtigsten Gesteine der Kreideformation aus Sachsen und England, die für Parallelen besonders geeignet sind, ausserdem einen Durchschnitt von Dresden, nach den in dem Bohrbrunnen der Dresdener Papierfabrik entnommenen Gesteinsproben von den oberen Schichten des Pläners an bis zu dem Rothliegenden.

Die beiden unteren Etagen der Kreideformation, das Neokom und der Gault, welche in Sachsen ganz fehlen, sind auch in unserem Museum am schwächsten vertreten. Dasselbe gilt für den limnischen Vertreter des Neokom, die Wäldergruppe oder das Wealden.

Dagegen bietet das geologische Museum eine überaus reiche Fülle aus den drei oberen Etagen der Kreideformation oder des Quadergebirges dar, die in dem sächsischen Elbthale zu einer ansehnlichen Entwickelung gelangt sind. Das Museum rivalisirt auch in diesem Zweige mit den besten Museen Deutschlands.

Wie in den anderen Hauptgruppen, sind die einzelnen Etagen von einander nicht geschieden, sondern es ist, bei einer systematischen Reihenfolge der Versteinerungen, auf der linken Seite der Etiquette die Etage bemerkt.

Ausgehend von dem Mittelschranke IV. nach den Schränken IV. a, V., V. a, VI., VI. a, 4 und E. gewinnt man die beste Uebersicht über die trefflich erhaltenen Versteinerungen aus den Quader- und Plänerbildungen des Elbthales und anderer Länder. Das gesammte, in neuester Zeit von neuem gesichtete Material ist aus den Privatsammlungen des Dr. A. Sack in Halle, der Professoren Steinla und Geinitz, des Malers E. Fischer und Particulier G. Kirsten in Dresden, sowie durch das eifrige Sammeln des Bahnwärter Aug. Jul. Rudolph in Klein-Burgk u. s. w. zusammengeführt worden. Ein Glanzstück dieser Sammlung ist ferner ein Baculites grandis *Hall & Meck*, von 56 cm. Länge und 10—7,5 cm. Durchmesser, aus der Nähe von Colorado City in Neu-Mexico, welches Herr Ingenieur A. Dittmarsch-Flocon 1871 dem Museum verehrt hat.

Andere werthvolle Beiträge hierzu, wie Prachtstücke der Spongia Saxonica *Gein.*, Radioliten vom Libanon, verdankt man dem Fleisse des verstorbenen Rittergutsbesitzer E. von Otto auf Possendorf, dem wissenschaftlichen Interesse des Herrn Graf Wilh. von Schlieffen auf Schlieffenberg und anderen Freunden des Museums.

IV. Känozoische Zeit.

8. Tertiärformation oder Braunkohlengruppe.

In den Schränken II. und II. a. ist ein ansehnlicher Theil von Meeresthieren, in dem Schranke III. von Land- und Süsswasser-Bewohnern ausgestellt, während aus Mangel an Raum eine vielfach grössere Anzahl derselben in den Schubfächern verborgen bleiben musste.

Zu den hervorragenden Stücken in dem Schranke II. gehören: Hyotherium Meissneri *v. Mey.* von Wiesbaden, Säugethierreste von Ronzon, Haute-Loire, Gesch. des Fräulein Ida v. Boxberg, Zähne des Carcharodon megalodon *Ag.* von ungewöhnlicher Grösse, von Charleston, S.-Carolina,

Gesch. des Herrn Ch. Siegling, sowie ausgezeichnete Exemplare des Clypeaster egyptiacus *Conf.* aus der lybischen Wüste. Die in Schrank II. a. vorhandenen Conchylien des Wiener Beckens sind ein Geschenk der k. k. geologischen Reichsanstalt in Wien.

Der Schrank III. a. lässt die verschiedenen Abänderungen der Braunkohlen selbst überblicken, unter diesen auch Stangenkohle vom Meisner in Hessen und von Salesl in Böhmen, welche durch Einwirkung des feuerflüssigen Basaltes auf gemeine Braunkohle entstanden sind.

Aehnliche Producte der Umwandlung von Sandstein und Schieferthon finden sich auch als Anhang bei den Basalten in Schrank 3.

Grössere Exemplare von tertiären Versteinerungen aus dem Thier- und dem Pflanzenreiche, unter ihnen namentlich auch Reste des riesigen Zeuglodon cetoides *Owen* von Alabama, welche Dr. A. Koch gesammelt hat, wurden in und auf dem Wandschranke D aufgestellt. Kopf und Unterkiefer dieses Thieres auf den Wandschränken C und D sind zum Theil nach vollständigeren Exemplaren ergänzt. Einige Landsäugethiere, welche das Tertiär auszeichnen, wie Mastodon longirostris, Dinotherium giganteum etc., wird man in dem Wandschranke D finden.

Eruptivgesteine der känozoischen Zeit.

Schränke 1. 2. 3. Basaltische und trachytische Gesteine, welche die Erdrinde erst durchbrochen haben, nachdem die mächtigen Braunkohlenlager in Böhmen geschaffen waren, haben ihre nächsten Verwandten noch in den jüngeren und jüngsten Laven.

Der Basalt ist im Wesentlichen ein Gemenge von Augit, Labrador und Magneteisenerz. Neben Augit findet sich darin oft auch Hornblende, beide von schwarzer Farbe, und dunkler Magnesiaglimmer; statt des Labradors wohl auch ein anderer

Feldspath, wie Nephelin und Leucit; das Magneteisenerz ist oft titanhaltig, also Trappeisenerz. Zu den gewöhnlichsten unwesentlichen Gemengtheilen des Basaltes gehören der Olivin und einige Zeolithe, namentlich Natrolith. Die Zeolithe pflegen den jüngeren Laven zu fehlen.

Unter den trachytischen Gesteinen zeichnet sich der **Phonolith** oder **Klingstein** durch seine meist grau-grüne bis ölgrüne dichte Grundmasse aus, worin einzelne Krystalle von Sanidin oder glasigem Feldspath ausgeschieden sind.

Die älteren **Basalte** befinden sich im **Schrank 3**; die für **trachytische Gesteine** klassischen Gegenden von Aussig in Böhmen, dem rheinischen Siebengebirge und aus Ungarn sind in den **Schränken 2, 3** aus den Sammlungen des Dr. A. **Sack**, sowie durch freundliche Sendungen des Herrn Dr. V. **Walther** in Aussig und der k. k. **geologischen Reichsanstalt in Wien** ausgezeichnet vertreten.

Unter den **Laven** des **Schrankes 1** sind die Umgebungen des Laacher See's bei Andernach, aus der **Sack**'schen Sammlung, Vesuv und Liparische Inseln, aus dem Nachlasse Sr. Majestät des Königs **Friedrich August III.**, Santorin, durch Herrn Dr. Alph. **Stübel**, Island und Java, durch Herrn Consul **Kinder de Camarecq**, wesentlich berücksichtiget worden.

Jüngste Producte des Feuers, Stücke verschlackter Erdwälle aus vorhistorischen Zeiten und andere Schmelzungsproducte liegen am Ende des **Schrankes 1**, also am Anfange der Sammlungen, unmittelbar gegenüber den jüngsten Abscheidungen durch Gewässer in historischen Zeiten.

9. Quartärgruppe oder Diluvium und Alluvium.

Schränke I., I. a, A, B und C.

Die quartäre Periode umfasst den langen Zeitraum, seit welchem der **Mensch** die Erde bewohnt. Die ältesten Spuren von ihm und seiner Thätigkeit lassen die ersten Ansiedler in Europa als Zeitgenossen von ausgestorbenen Thieren, wie Mammuth und Höhlenbär, erscheinen. Es fällt dieses Zeitalter sogenannter diluvialer Thiere zusammen mit der Zeit, wo alte, diluviale Gletscher, die sich von den Alpen her weit nach Deutschland verbreitet hatten, sich durch Schmelzung wieder zurückgezogen haben, und wo das Renthier noch über ganz Deutschland und Frankreich verbreitet war.

Zu den berühmtesten Fundorten für die ältesten Producte menschlicher Thätigkeit in der sogenannten Steinzeit gehören die Kiesgruben von St. Acheul bei Amiens, wo die in Schrank A. 2 befindlichen roh behauenen Steinbeile mit Resten von Mammuth und Urstier, Bos primigenius, zusammen vorkommen. Es gehören dazu die durch Prof. Fraas in Stuttgart beschriebenen Fundgruben bei Schussenried in Ober-Schwaben, wo das Renthier und andere zurückgedrängte oder ganz ausgestorbene Thiere von einem alten Jäger gejagt worden sind, der offenbar der älteste Ansiedler in Schwaben war, sowie die Vorkommnisse im Hohlenstein bei Bissingen und dem Hohlefels bei Blaubeuren, von wo interessante Belegstücke durch die Güte des Prof. Fraas zu uns gelangt sind. Man hat in dem Hohlefels die Küchen- und Haushaltungsabfälle einer Troglodyten-Colonie aus der ältesten Steinzeit vor sich, wo die Schlachtung des ausgestorbenen Höhlenbären in einem grossartigen Maassstabe betrieben worden ist.

Ein vollständiges Skelet des Höhlenbären, Ursus spelaeus *Blumenbach*, aus der Höhle von Sundwig bei Iserlohn, welches Dr. Sack dort ausgegraben hat, steht in dem Schranke A, unmittelbar neben den vorher bezeichneten einfachsten Producten der menschlichen Thätigkeit, die sich in roh bearbeiteten Steinbeilen, Feuersteinmessern und aufgeschlagenen oder bearbeiteten Knochen vom Renthier u. s. w. beurkundet. Einige dabei liegende Steinbeile von Madras in

Indien, Geschenk der Herren Director Dr. Oldham und Dr. Stoliczka in Calcutta, besitzen eine gleiche Form wie jene von St. Acheul, bestehen aber aus einem anderen, dort vorkommenden Materiale.

In Schrank B folgt eine grosse Reihe wohl erhaltener Schädel des Höhlenbär aus der Sundwiger Höhle in allen Altersstufen bis herab zu den neugeborenen Thieren, bei welchen selbst die Milchzähne den Unterkiefer noch nicht durchbrochen haben. An einigen derselben sind Knochenkrankheiten bemerkbar. Daran reihen sich Reste von anderen Raubthieren aus der Diluvialzeit, von Höhlenhyäne, Hyaena spelaea *Goldf.*, Höhlenlöwe, Felis spelaea *Goldf.*, Höhlenwolf und Höhlenfuchs, Canis spelaeus, dem fossilen Dachs, Meles spelaeus *Goldf.*, und fossilen Fjälfrass (Vielfrass), Gulo spelaeus *Goldf.*, meist aus der Sundwiger Höhle, und dem fossilen Pferde.

In dem Schrank C beginnen die hirschartigen Thiere mit dem Ren oder Renthiere, Cervus tarandus *L.*, von Oelsnitz im Sächsischen Voigtlande und anderen Fundstellen, dem Riesenhirsch, Cervus euryceros *Aldrovand* oder Megaceros hibernicus *Owen*, aus dem Torfmoore von Irland, dem Elen, Cervus alces *L.*, und dem Edelhirsch, Cervus elaphus *L.*, letztere Beide für die jüngeren oder alluvialen Torfmoore bezeichnend.

Ein vollständiges Skelet des Riesenhirsches aus Irland, jenes „grimmen Schelch" der Nibelungen, ist in dem hinteren Theile des Saales neben dem Schranke XIX. aufgestellt. Herr Dr. Voigtländer bestimmte an demselben folgende Dimensionen:

Höhe des Skeletes	184,1 cm.
Länge „ „	269,1 „
Länge des Kopfes	49,0 „
Breite der Stirn vom oberen Augenhöhlenrande der einen Seite bis zu der anderen Seite	28,4 „

Länge vom inneren Augenwinkel bis zu dem *Os intermaxillare*	28,4 cm.
Länge von der Spitze der Nasenbeine bis zu dem vorderen Rande der *Ossa intermaxillaria*	12,5 „
Länge von dem *foramen magnum* bis zur *linea semicircularis superior ossis occipitis*	11,8 „
Länge von dem hinteren Theile des Gaumenbeines bis zu dem vorderen Rande des *Os intermaxillare*	27,8 „
Länge des Schulterblattes	49,0 „
„ „ Oberarmes	37,8 „
„ „ Vorderarmes	37,8 „
„ „ Kniegelenkes (*ossa carpi*)	6,0 „
„ „ vorderen Mittelfussknochens *(metatarsus)*	33,1 „
„ „ Oberschenkels	44,9 „
„ „ Unterschenkels	44,9 „
„ der hinteren Fusswurzelknochen (*ossa tarsi*)	20,0 „
„ des hinteren Mittelfussknochens (*metatarsus*)	35,4 „
„ „ Fesselbeines (1. Phalanx)	7,7 „
„ „ Kronbeines (2. „)	4,7 „
„ „ Hufbeines (3. „)	7,1 „

Unter den anderen diluvialen Thieren in dem Schranke C verdienen besondere Beachtung die Ueberreste des büschelhörnigen Nashorn, Rhinoceros tichorhinus *Cuv.*, und das Mammuth, Elephas primigenius *Blum.*

Von dem ersteren wurden aus den Funden bei Oelsnitz alle vier Alterszustände, Kind, Jüngling, Mann und Greis, an vollständig erhaltenen Unterkiefern nachgewiesen. Von dem Mammuth bewahrt das Museum als Unicum einen ganz jungen Unterkiefer von Oelsnitz, worin noch der, selbst bei lebenden Elephanten höchst seltene Eckzahn vorhanden ist.

Reste von Nashorn und Mammuth aus verschiedenen Gegenden Sachsens und anderen Ländern sind in diesem Schranke und in dem Seitenschranke A. 2. vertheilt.

Von Mastodon americanus *Cuv.* 1798 (Mammut ohioticum *Blumenbach*, 1799, und Mastodon giganteum *Cuv.* 1817) ist ausser Back- und Stosszähnen, sowie verschiedenen

Knochen etc., aus den Sammlungen des Dr. A. Koch, noch das Modell eines vollständigen Kopfes aufgestellt.

Andere wichtige Documente für das alte Quartär oder die Zeit des Diluviums mit der Glacialzeit sind in dem Mittelschranke I. a. niedergelegt. Derselbe enthält: eine ansehnliche Sammlung von Wüstensanden aus Afrika, welche mit grösster Sorgfalt durch Frau Gräfin v. Schlieffen, geb. von Jagow, und Graf W. von Schlieffen-Schlieffenberg gesammelt worden sind; eine Sammlung von Sanden aus der Dresdener Haide, Geschenk des Oberst v. Gutbier; die Conchylien des Lösses aus Sachsen und des Sumpfmergels von Cotta bei Dresden, gesammelt von den Herren Director Clauss, Oberlehrer H. Engelhardt und Dr. A. Jentzsch; das seltene Oreodon Culbertsoni *Leidy* von Nebraska, Gesch. des Prof. James Hall in Albany; den Kiefer eines Murmelthieres aus dem Löss von Wiesbaden, Geschenk des Herrn Conservator Römer in Wiesbaden; Haare des an der Ghida aufgefundenen Mammuth, Gesch. des Hrn. M. Schmidt in St. Petersburg; eine Sammlung diluvialer Geschiebe aus Mecklenburg, Gesch. des verst. Pastor Vortisch in Satow, und der Oberlausitz, Gesch. des verst. Apotheker Schumann in Golssen, sowie eine Sammlung des jung-tertiären Crag aus England, Gesch. des Hrn. Fremden-Commissar v. Bose.

Schrank I, mit welchem die Reihe der Mittelschränke in dem Saale beginnt, hat eine reiche Sammlung von Organismen aus dem jung-quartären oder alluvialen **Kalktuff von Robschütz** bei Meissen und anderen jungen Gesteinsbildungen, wie Raseneisenerz und Kalksinter, Torf und Infusorienerde, aufgenommen.

An seinem Anfange findet sich ein in dem Kalktuff von Robschütz vorgekommener Menschenschädel, der jedoch kein höheres Alter beanspruchen kann, als alle anderen mit ihm zusammen gefundenen Thier- und Pflanzenreste, welche sämmtlich der Jetztzeit noch angehören.

Modelle der erst seit Menschen Gedenken ausgestorbenen Dronte, Didus ineptus *L.*, nach ihren Originalen in den Museen von Prag, Copenhagen und Oxford, sind in der Nähe des Homo sapiens und am Eingange des Saales aufgestellt, wo man auch das Modell eines erst seit Kurzem aus der Lebewelt verschwundenen Riesenvogels, Palapteryx ingens *Owen*, aus Neuseeland, nach dem Originale in Wien, und jenes grossen Eies von Aepiornis aus Madagaskar, von 10,5 Liter Inhalt, zu suchen hat, wovon das Original in dem Museum des Jardin des plantes in Paris bewahrt wird.

Schrank A. 1. Unser geologisches Museum findet seinen Abschluss mit einer Torfablagerung, die durch den Pfahlbau von Robenhausen, Canton Zürich, für die jüngere Steinzeit typisch geworden ist. Aus dieser ist durch den thätigen Antiquar Jacob Messikommer in Wetzikon eine grössere Zahl der wichtigeren Funde erlangt worden, worin man deutlich die Anfänge des Ackerbaues, der Industrie und des Handels erkennt. Polirte Steinbeile aus verschiedenen Grünsteinen u. s. w. haben die roh behauenen Feuersteine verdrängt, Gerste und Weizen wurden erbauet und auf Steinplatten mit anderen Steinen gemahlen; unter den Hausthieren begegnen wir der Torfkuh, dem Torfschwein, der Ziege, dem Schaf, dem Pfahlbautenhund; Knochen und Geweihe des Edelhirsches sind zu sehr mannichfachen Geräthschaften umgearbeitet; Flachs lieferte Stoff für Gewebe und Schnüren; roh mit der Hand, noch ohne Drehscheibe geformte Töpfe und andere Thongeräthe zeigen das erste Beginnen auch dieser Industrie. — Gegenstände von Metall fehlen noch gänzlich.

Von gleichem Alter mit diesem Pfahlbau scheinen die Torfmoore bei Golssen in der Niederlausitz zu sein, aus welchen der jüngst verstorbene Apotheker C. R. Schumann in Golssen zahlreiche Thierreste, Hirsch, Elen, Schwein, Rind und Pferd, wiederholt eingesandt hat, die in dem unteren Theile dieses Schrankes bewahrt werden.

Nach den umsichtigen Beobachtungen Herrn Belgrand's, 1867 Oberingenieurs von Paris, waren auch in Frankreich während der Bildung des Torfes in dem Thalgrunde die früheren grösseren Wasserläufe schon durch die kleineren modernen Flüsse ersetzt. Die grossen Thiere der älteren Steinzeit verschwinden, wenn der Torf erscheint, und werden ersetzt durch die Thiere der Jetztwelt. Die roh behauenen Feuersteine haben polirten und vollkommeneren Geräthschaften Platz gemacht. Alsdann verdrängen die Bronce und das Eisen den Stein, und die historische Zeit beginnt. Das Alter des Torfes entspricht demnach einer wichtigen Epoche in der Geschichte der Menschen und der Erde, der Zeit der polirten Steine, der Bronce, des Eisens und noch historischer Zeiten.

V.
Neuere Schriften,

die über Gegenstände des Königlichen Mineralogischen Museums veröffentlicht worden sind.

1836. **H. G. L. Reichenbach**: Das K. Sächs. Naturhistorische Museum in Dresden. Leipzig. 8°. S. 1—8.
1835/36. **A. v. Gutbier**: Abdrücke und Versteinerungen des Zwickauer Schwarzkohlengebirges. Zwickau. 8°. 11 Taf. in 4°.
1839—42. **H. B. Geinitz**: Charakteristik der Schichten und Petrefacten des Sächsisch-Böhmischen Kreidegebirges. Dresden und Leipzig. 4°. 116, XXV. 23 S. 24 u. 6 Taf.
1848. **Derselbe**: Die Versteinerungen des Deutschen Zechsteingebirges. Dresden u. Leipzig. 4°. 26 S. 8 Taf.
1849. **A. v. Gutbier**: Die Versteinerungen des Rothliegenden in Sachsen. 4°. 32 S. 11 Taf.
1849—50. **H. B. Geinitz**: Das Quadersandsteingebirge oder Kreidegebirge in Deutschland. Freiberg. 8°. 290 S. 12 Taf.
1852—53. **Derselbe**: Die Versteinerungen der Grauwackenformation in Sachsen und den angrenzenden Länder-Abtheilungen. Leipzig. 4°. I. 58 S. 6 Taf.; II. 95 S. 20 Taf.

1854. **Derselbe:** Darstellung der Flora des Hainichen-Ebersdorfer und des Flöhaer Kohlenbassins. Leipzig. 4°. 40 S. mit 14 Taf. in Folio.

1855. **Derselbe:** Die Versteinerungen der Steinkohlenformation in Sachsen. Leipzig. Fol. 61 S. 36 Taf.

1856. **Derselbe:** Geognostische Darstellung der Steinkohlenformation in Sachsen, mit besonderer Berücksichtigung des Rothliegenden. Leipzig. Fol. 91 S. 12 Doppeltafeln.

Dr. Ed. Zeis: Beschreibung mehrerer kranker Knochen vorweltlicher Thiere. Leipzig. 8°. 36 S.

Derselbe: Neue Beschreibung eines kranken Knochens. (Langenbeck's Archiv f. klinische Chirurgie, III. 1. p. 442.)

1857. **H. B. Geinitz:** Ueber zwei neue Versteinerungen und die Strophalosien des Zechsteins. (Zeitschr. d. Deutsch. geol. Ges. IX. p. 207. 1 Taf.)

1858. **Derselbe:** Das Königl. Mineralogische Museum in Dresden. 8°. 110 S. 2 Taf.

Derselbe: Die Leitpflanzen des Rothliegenden und des Zechsteingebirges. Leipzig. 4°. 28 S. 2 Taf.

1860. **R. Andree:** Zur Kenntniss der Juragestreibe von Stettin und Königsberg. (Zeitschr. d. Deutsch. geol. Ges. XII. p. 573. Taf. 13. 14.)

1861. **H. B. Geinitz:** Ueber den Riesenhirsch des Dresdener Museums. (Neu. Jahrb. f. Min. p. 66 f.)

1861—62. **Derselbe:** Dyas oder die Zechsteinformation und das Rothliegende. Mit Beiträgen der Herren R. Eisel, R. Ludwig, A. E. Reuss, R. Richter u. A. Leipzig. 4°. 342 S. 42 Taf.

1863. **Derselbe:** Beiträge zur Kenntniss der organischen Ueberreste der Dyas und über den Namen Dyas. (Neu. Jahrb. f. Min. p. 385. Taf. 3 u. 4.)

Derselbe: Ueber zwei neue dyadische Pflanzen. (Ebenda p. 525. Taf. 6 u. 7.)

1864. **H. B. Geinitz**: Ueber organische Ueberreste in den Dachschiefern von Wurzbach. (Neu. Jahrb. f. Min. p. 1. 2 Taf.)
R. Andree: Die Versteinerungen der Steinkohlenformation von Stradonitz in Böhmen. (Ebenda p. 160. Taf. 4.)
H. B. Geinitz: Palaeosiren Beinerti *Gein.*, ein neues Reptil aus der unteren Dyas vom Oelberg bei Braunau, und über zwei Arten Spongillopsis *Gein.* (Ebenda p. 513.)
1865. **Derselbe**: Ueber einige seltene Versteinerungen aus der unteren Dyas und der Steinkohlenformation. (Ebenda p. 385. Taf. 2. 3.)
Derselbe: Geologie der Steinkohlen Deutschlands und anderer Länder Europa's. Mit Beiträgen der Herren von Dechen, Feistmantel, von Rönne, Schütze, Wagner u. A. München. 4°. 420 S. mit Atlas von 28 Bl.
Derselbe: Ueber Arthropleura armata *Jordan* in der Steinkohlenformation von Zwickau. (Ebenda p. 144.)
E. Poppe: Ueber fossile Früchte aus den Braunkohlenlagern der Ober-Lausitz. (Ebenda p. 52. Taf. 1.)
E. Haeckel: Ueber zwei neue fossile Medusen aus der Familie der Rhizostomiden. (Ebenda p. 256. Taf. 5. 6.)
1866. **H. B. Geinitz** und **C. Th. Liebe**: Ueber ein Aequivalent der takonischen Schiefer Nordamerika's in Deutschland und dessen geologische Stellung. Dresden. 4°. 52 S. 8 Taf. (Act. Ac. Leop, Car. Vol. XXXIII.)
P. Groth: Ueber einen grossen Topaskrystall im K. Mineral. Museum zu Dresden. (Neu. Jahrb. p. 208.)
H. B. Geinitz: Carbonformation und Dyas in Nebraska. Dresden. 4°. 91 S. 5 Taf. (Act. Ac. Leop. Car. Vol. XXXIII.)
1867. **Derselbe**: Beiträge zur älteren Fauna und Flora. (Neu. Jahrb. f. Min. p. 273. Taf. 3.)
1868. **Derselbe**: Die fossilen Fischschuppen aus dem Plänerkalke in Strehlen. 4°. 48 S. 4 Taf. (Abh. in Denkschr. d. Ges. f. Natur- u. Heilkunde in Dresden.)

H. B. Geinitz: Ueber das Meteoreisen von Nöbdenitz. (Neu. Jahrb. p. 459.)
Derselbe: Ueber die in Dresden verwendeten Baumaterialien. (Jahrb. f. Volks- u. Landwirthschaft. 9. Bd. Dresden. p. 262.)

1869. **Derselbe:** Ueber die im Königreiche Sachsen verwendeten Chausseematerialien. (Ebenda, X. Bd. p. 1.)
Derselbe: Mittheilungen aus dem K. Min. Mus. in Dresden über d. J. 1868. (Sitzb. d. Ges. Isis, 1869. p. 95.)
Dr. Goldenberg: Zur Kenntniss der fossilen Insecten in der Steinkohlenformation. (Neu. Jahrb. p. 158. Taf. 3.)

1870. **H. B. Geinitz.** Ueber die im Königreiche Sachsen vorkommenden Kalksteine. (Jahrb. f. Volks- u. Landwirthschaft. XI. Bd. p. 85.)
Derselbe: Ueber organische Ueberreste aus der Steinkohlenformation von Langeac, Haute-Loire. (Neu. Jahrb. p. 417. Taf. 4.)
Derselbe: Ueber eine neue fossile Frucht aus dem Zechsteine und einige Ueberreste aus der Steinkohlenformation. (Sitzb. d. Ges. Isis, p. 1. Taf. 1.)
Derselbe: Mittheilungen aus dem K. Min. Mus. in Dresden über das Jahr 1869. 8°. 7 S.
H. Engelhardt: Flora der Braunkohlenformation im Königreich Sachsen. Leipzig. 4°. 69 S. mit Atlas von 15 Taf.

1871. **Al. Brandt:** Ueber fossile Medusen. St. Petersburg. 4°. 26 S. 2 Taf. (Mém. de l'Acad. imp. des sc. T. XVI.)

1872. **H. B. Geinitz:** Mittheilungen aus dem K. Min. Mus. in Dresden über die Jahre 1870 u. 1871. 8°. 12 S.
Derselbe: Paläontologische Mittheilungen aus dem Mineralog. Museum in Dresden. (Sitzb. d. Ges. Isis, p. 125. Taf. 1.)
H. Engelhardt: Ueber den Kalktuff von Robschütz. Dresden. 8°. 48 S. (Progr. d. Realschule 1. Ordn. zu Neustadt-Dresden.)

1871—72. **H. B. Geinitz**: Das Elbthalgebirge in Sachsen. Cassel. 4º.
  I. Theil. Der untere Quader.
  1. Seeschwämme. S. 1—42. Taf. 1—10.
  2. Korallen, von W. Bölsche. S. 43—60. Taf. 11—13.
  3. Seeigel, Seesterne und Haarsterne. S. 61—92. Taf. 14—23.
  4. Bryozoen und Foraminiferen, von A. E. von Reuss. S. 95—144. Taf. 24—33.
  5. Brachiopoden und Pelecypoden. S. 145—207. Taf. 34—45.
  II. Theil. Der mittlere und obere Quader.
  1. Seeschwämme, Korallen, Seeigel, Seesterne und Haarsterne. S. 1—20. Taf. 1—6.
  2. Brachiopoden und Pelecypoden. S. 21—52. Taf. 7—13.
  (Dieses mit Unterstützung des Kön. Sächs. Finanz-Ministeriums veröffentlichte Werk wird fortgesetzt.)

VI.

Index

über die in dem Königlichen Mineralogischen Museum befindlichen Mineralien.

A.

	Seite		Seite
		Albin	22
	Seite	Albit	18
Abichit	32	Algerit	19
Achat	17	Allanit	21
Achmit	24	Allochroit	26
Aciculit	38	Allophan	20
Adamant	40	Almandin	26
Adamas	40	Aluminit	45
Adular	18	Alunit	45
Aegerin	24	Alumochalcit	18
Aeschynit	38	Amalgam	35
Agalmatolith	21	Amazonenstein	18
Apatit	45	Amber	42
Anhydrit	44	Amblygonit	46
Akanthit	35	Amethyst	17
Akmit	24	Amianth	21
Aktinolith	24	Ammoniakalaun	45
Aktinot	24	Amoibit	30
Alabaster	44	Amphibol	24
Alaun	45	Amphodelit	19
Alaunerde	41	Anatas	37
Alaunschiefer	20	Anauxit	20
Alaunstein	45	Andalusit	27

	Seite
Andesin	19
Anglesit	34
Ankerit	43
Anorthit	19
Anthophyllit	24
Anthracit	40. 41
Anthracit, faseriger	41
„ stängeliger	41
Anthrakolith	43
Anthrakonit	43
Anthrakoxen	42
Antigorit	25
Antimon	38
Antimouarsen	39
Antimonblende	39
Antimonblüthe	39
Antimonglanz	38
Antimonit	38
Antimonkupferglanz	33
Antimonnickel	30
Antimonnickelglanz	30
Antimonocker	39
Antimonoxyd	39
Antimonsilber	35
Antimonsilberblende	35
Antimonspath	39
Analzim	21
Aphanesit	32
Aphrit	26
Apophyllit	22
Aquamarin	26
Aragon	43
Aragonit	43
Arfvedsonit	24
Argentit	35
Argile	20
Argyrit	35
Argyrose	35
Arsen	39
Arseneisen	29
Arseneisensinter	29
Arsenik	39
Arsenikbleierz	34
Arsenikblende	39
Arsenikblüthe	39
Arsenikfahlerz	35
Arsenikkies	29
Arseniknickel	30
Arseniknickelglanz	30
Arsennickel	30

	Seite
Arseniosiderit	29
Arsenkies	29
Arsenkupfer	33
Arsenosiderit	29
Arsensilber	35
Arsensilberblende	35
Asbest	24
A. schillernder	25
Astrophyllit	22
Atakamit	33
Augit	24
Auripigment	39
Aurotellurit	36
Automolith	27
Autunit	32
Avanturin	17
Avanturinfeldspath	19
Axinit	26
Axotomes Eisenerz	28
Azurit	32

B.

	Seite
Babingtonit	24
Baikalit	24
Baltimorit	25
Bandjaspis	18
Baryt	44
Barytocölestin	44
Basaltjaspis	20
Basanomelan	28
Bastit	25
Batrachit	25
Beilstein	24
Bel metal ore	37
Belonit	38
Bergbutter	45
Berggrün	32
Bergholz	24
Bergkork	24
Bergkrystall	17
Bergmannit	21
Bergmehl	18
Bergmilch	43
Bergöl	42
Bergseife	21
Bergtheer	42
Bernerde	41
Bernstein	42

6

	Seite		Seite
Berthierit	39	Böhmischer Granat	26
Beryll	26	Boghead Coal	40
Berzelianit	93	Bohnerz	28
Berzelit	33	Bol	20
Beudautin	19	Bologueser Spath	44
Bieberit	30	Boracit	45
Bildstein	24	Borax	45
Bimsstein	19	Borsäure	45
Biotit	22	Botryolith	22
Bismuthin	38	Boulangerit	34
Bismuthocuprit	38	Bournonit	34
Bismutholamprit	38	Bouteillenstein	19
Bitterkalkmergel	43	Brandisit	23
Bittersalz	45	Brandschiefer	41
Bitterspath	43	Braunbleierz	34
Bitumen	40. 42	Brauneisenerz	28
Bituminöses Holz	41	Brauner Glaskopf	28
Bituminöse Holzerde	41	Braunit	29
Blackband	28	Braunkohle	41
Black Lead	40	Braunmenakerz	38
Blättererz	36	Braunspath	43
Blätterkohle	40	Braunstein	29
Blättertellur	36	Breislakit	24
Blätterzeolith	21	Breunerit	43
Blaubleierz	33	Brevicit	22
Blaueisenerde	29	Brewsterit	21
Blaueisenerz	29	Brochantit	32
Blauspath	46	Bromsilber	35
Blei	33	Bronzit	24
Bleiarseniat	34	Brookit	38
Beicarbonat	34	Brucit	27
Bleichromat	36	Bucholzit	27
Bleierde	34	Bucklandit	24
Bleifahlerz	34	Buntbleierz	34
Bleiglanz	33	Buntkupfererz	33
Bleigummi	34	Buntkupferkies	33
Bleilasur	32	Bustamit	25
Bleimolybdat	34		
Bleiniere	34	**C.**	
Bleiphosphat	34		
Bleischwärze	34		
Bleischweif	33	Cadmium	31
Bleispath	34	Calamin	31
Bleisulphat	34	Calamit	24
Bleivitriol	34	Calcit	43
Bleiweiss	34	Cancrinit	26
Bleiwolframiat	34	Candle Coal	40
Blende	31	Carbonspath	43
Blitzröhre	18	Carnallit	47
Bockseife	21	Carnat	20

	Seite		Seite
Carneol	17	Coelestin	44
Cassiderit	37	Columbit	38
Cererit	24	Columbium	37
Cerin	24	Comptonit	22
Cerinstein	24	Condurrit	33
Cerit	24	Copiapit	29
Cerussit	34	Copperas	29
Ceylanit	27	Cordierit	23
Chabasit	21	Cornisches Zinnerz	37
Chalcedon	17	Cotunuit	34
Chalkolith	32	Couzeranit	19
Chalkophacit	33	Cronstedtit	25
Chalkophyllit	33	Cubizit	21
Chalkopyrit	33	Cuboit	21
Chalkosin	33	Cuprit	32
Chalkostactit	32	Cyanit	27
Chenokoprolith	29	Cymophan	26
Chesterlith	18	Cyprin	26
Chiastolith	27		
Childrenit	29		
Chloanthit	30	**D.**	
Chlorammonium	47		
Chlorblei	34		
Chlorit	22. 23	Dachschiefer	20
Chloritoid	22	Datolith	22
Chloritspath	22	Dauphinit	37
Chlorkalium	47	Degeröit	28
Chlornatrium	46	Delessit	23
Chlormercur	37	Delvauxit	29
Chloromelan	23	Demant	27. 40
Chlorophacit	25	Dermatin	25
Chlorophan	46	Desmin	21
Chlorospinell	27	Deweylit	25
Chlorsilber	35	Diadochit	29
Chondrodit	26	Diaklas	24
Chrom	31	Diallag	24
Chrombleispath	34	Diamant	27. 40
Chromeisenerz	28	Diamantspath	27
Chromglimmer	22	Diamond	40
Chromit	28	Diaspor	27
Chromocker	20	Dichroit	23
Chrysoberyll	26	Diopsid	21
Chrysocolla	32	Dioptas	32
Chrysolith	26	Diploit	19
Chrysopras	17	Dipyr	19
Chrysotil	25	Diskrasit	35
Citrit	39	Disthen	27
Clay	20	Dolomit	43
Coal	40	Dopplerit	42
Cobalt	30	Dufrenit	29

6*

	Seite
Dutenmergel	43
Dutenstein	43
Dysodil	41

E.

	Seite
Egeran	26
Ehlit	32
Eisen	27
Eisenantimonglanz	39
Eisenblau	29
Eisenblüthe	43
Eisenchlorit	23
Eisenglanz	28
Eisenglimmer	28
Eisenkies	28
Eisenkiesel	17
Eisenmanganspath	30
Eisennickelkies	30
Eisenniere	28
Eisenoolith	28
Eisenpecherz	29
Eisenphyllit	29
Eisenplatin	36
Eisenrahm	28
Eisenresin	42
Eisensand	28
Eisensinter	29
Eisenspath	28
Eisensteinmark	20
Eisenvitriol	29
Eisenzinkspath	31
Eisenzinnerz	37
Ekebergit	19
Elaterit	42
Electrum	36. 42
Elektrum	36. 42
Edelsteine	25
Eliasit	32
Embrithit	34
Emerald	26
Emeraude	26
Emery	27
Emmonsit	44
Enargit	33
Enstatit	25
Epidot	24
Epistilbit	21
Epsomit	45

	Seite
Erbsenstein	43
Erdkobalt	30
Erdkohle	41
Erdöl	42
Erdpech	42
Erdwachs	42
Erlan	26
Eschkohle	40
Esskohle	40
Euchroit	33
Eudyalit	26
Eugenglanz	35
Eugenspath	43
Euklas	26
Eukolith	38
Euxenit	38

F.

	Seite
Fahlerz	35
Fahlglanz	36
Farnenkohle	40
Fasergyps	44
Faserkalk	43
Faserkohle	40. 41
Faserquarz	17
Faserzeolith	21
Faserzinnerz	37
Fassait	24
Faujasit	21
Federerz	34
Feldspath	18
Felsit	18
Fetthol	20
Fettkohle	40
Fettstein	19
Feuerblende	35
Feueropal	18
Feuerstein	18
Fibrolith	27
Fichtelit	42
Flammkohle	40
Fliegenstein	39
Fluolith	19
Fluorit	46
Fluss	46
Flusserde	46
Flussspath	46
Forcherit	18
Fowlerit	25

Franklinit	28	Grammatit	24
Fraueneis	44	Granat	26
Frauenglas	44	„ böhmischer	26
Freieslebenit	35	Graphit	40
Fuchsit	22	Graubraunsteinerz	30
Fulgurit	18	Graugiltigerz	35
Fuscit	19	Graumanganerz	30
		Grauspiessglanzerz	38
		Greenockit	31
G.		Grenat	26
		Griffelschiefer	20
Gadolinit	24	Grobkohle	40
Gänseköthigerz	29	Grossular	26
Gahnit	27	Grünbleierz	34
Galapectit	20	Grüne Eisenerde	38
Galena	33	Grünerde	24
Galmei	31	Grüner Vitriol	29
Ganomatit	29	Gummierz	32
Garnet	26	Gummispath	34
Gaskohle	40	Gurhofian	43
Gehlenit	26	Gymnit	25
Gelbantimonerz	59	Gyps	44
Gelbbleierz	34		
Gelbeisenerz	28		
Gelberde	20	**H.**	
Gelbmenakerz	38		
Geokronit	39	Haarkies	33
Gibbsit	27	Haarsalz	45
Gieseckit	23	Haidingerit	39
Giftkobalt	39	Halbopal	18
Gigantolith	23	Halloysit	20
Glanzarsenikkies	29	Halochalcit	33
Glanzeisenerz	28	Haplotypes Eisenerz	28
Glanzkobalt	30	Harmotom	21
Glanzkohle	41	Hartit	42
Glanzmanganerz	30	Harze	40
Glas, natürliches	19	Hartmanganerz	30
Glaserz	35	Hatchettin	42
Glaskopf, brauner	28	Hauerit	30
„ rother	28	Hausmannit	29
„ schwarzer	30	Hauyn	26
Glauberit	44	Hedyphan	34
Glaubersalz	44	Heliotrop	17
Glaukodot	29	Helvin	26
Glaukonit	23	Hemidomblende	35
Glimmer	22	Herschelit	21
Gmelenit	21	Hessonit	26
Göthit	28	Heteromorphit	34
Gold	36	Heulandit	21
Goldsilber	36	Himbeerspath	30

	Seite
Hisingerit	23
Hohlspath	27
Holzasbest	25
Holzkohle, faserige	41
„ mineralische	41
Holzopal	18
Holzstein	18
Holzzinn	37
Homichlin	39
Honigstein	42
Hornblende	24
Hornerz	35
Hornquecksilber	37
Hornsilber	35
Hornstein	18
Houghit	25
Houille	40
Humboldtilith	19
Humboldtin	42
Humboldtit	19
Humit	26
Hyacinth	26
Hyalith	18
Hyalosiderit	26
Hydrargillit	27
Hydrargyrit	37
Hydromagnesit	44
Hydrophan	18
Hydrophit	25
Hydrotalkit	25
Hypargonblende	35
Hypargyrit	35
Hypersthen	24
Hypochlorit	36

I.

Ichthyophthalm	22
Idokras	26
Idrialit	42
Ilmenit	28
Ilmenium	37
Imatrastein	43
Iolith	23
Iridium	36
Iridosmium	36
Iserin	28
Isopyr	19

J.

	Seite
Jade	19
Jamesonit	31
Jaspis	18
Jaspopal	18
Jefferisit	23
Jeffersonit	21
Judenpech	42

K.

Kämmererit	23
Kännelkohle	40
Kainit	47
Kakochlor	30
Kakoxen	29
Kalait	16
Kalialaun	45
Kalifeldspath	18
Kaliglimmer	22
Kaliharmotom	21
Kalisalpeter	45
Kalkbaryt	41
Kalkfeldspath	19
Kalkharmotom	21
Kalkmesotyp	21
Kalkschwerspath	44
Kalksinter	43
Kalkspath	43
Kalkstein	43
Kalktuff	43
Kalkuranit	32
Kammkies	28
Kampylit	34
Kancelstein	26
Kaolin	20
Kapnit	31
Karbonblende	36
Karbonspath	43
Karinthin	24
Karmesit	39
Karpholith	23
Karphosiderit	29
Karstenit	44
Kaschelong	17
Katapleit	22
Katzenauge	17
Katzengold	21

	Seite		Seite
Katzensilber	22	Kokkolith	24
Kautschuk, fossiles	42	Kräuterschiefer	20
Keramohalit	45	Kreide	43
Kerargyrit	35	Kreuzstein	21
Kerat	35	Krokoisit	34
Kerolith	25	Krokoit	34
Kesselstein	43	Krokydolith	24
Kieselgalmei	31	Kryolith	46
Kieselguhr	18	Kupfer	32
Kieselkupfer	32	Kupferbleispath	32
Kieselmalachit	32	Kupferblende	35
Kieselmanganerz	25	Kupferblüthe	32
Kieselschiefer	18	Kupferglanz	33
Kieselsinter	18	Kupferglas	33
Kieseltuff	18	Kupferglimmer	33
Kieselwismuth	38	Kupfergrün	32
Kieselzinkerz	31	Kupferindig	33
Kieserit	44	Kupferkies	33
Kilkenny Coal	41	Kupferkiesel	32
Killinit	25	Kupferlasur	32
Klebschiefer	18	Kupferlebererz	32
Klinochlor	23	Kupfernickel	30
Klinoklas	32	Kupferphyllit	33
Knebelit	26	Kupfersammterz	32
Kobaltarsenikies	29	Kupferschaum	33
Kobaltbeschlag	31	Kupferschwärze	30
Kobaltblüthe	31	Kupfersmaragd	32
Kobaltglanz	30	Kupferuranit	32
Kobaltkies	30	Kupfervitriol	32
Kobaltmanganerz	30	Kupferwasser	32
Kobaltvitriol	30	Kupferwismuthglanz	38
Kobellin	33	Kymatin	25
Kochsalz	46		
Kölnische Erde	41		
Könlit	42	**L.**	
Köttigit	31		
Kohle	40	Labrador	19
Kohleneisenstein	28	Labradorit	19
Kohlenhornstein	18	Lagonit	45
Kohlenletten	41	Lapis lazuli	26
Kohlenlösche	40	Larderellit	45
Kohlenschiefer	40	Lasionit	46
Kohlenstein	40	Lasurit	32
Kohlenstoff	40	Lasurstein	26
Kollyrit	20	Lanmonit	21
Kolophonit	21. 26	Laumontit	21
Konarit	31	Lazulith	46
Korallenerz	36	Leberblende	31
Korund	27	Leberkies	28
Kokes, natürliche	41	Leelit	18

Lehm	20	Markasit	28
Leonhardit	21	Marmor	43
Lepidokrokit	28	Martinsit	44
Lepidolith	22	Meerschaum	24
Lettsomit	32	Mejonit	19
Leucit	19	Melanargyrit	35
Leuchtenbergit	23	Melanglanz	35
Leukophan	26	Melanit	26
Levyn	21	Melilith	19
Libethenit	32	Melinophan	26
Liëvrit	23	Mellit	42
Lignit	41	Menakeisenerz	28
Limonit	28	Mendipit	34
Linarit	32	Menilit	18
Linzenerz	33	Mennig	34
Linsenkupfererz	33	Mercur	36
Lirokonit	33	Mercurblende	36
Lithionglimmer	22	Mercurglanz	36
Lithionit	22	Mercurkerat	37
Lölingit	29	Mergel	43
Lösch	40	Mergelniere	43
Löss	20	Mergelschiefer	43
Lomonit	21	Mesitinspath	43
Loxoklas	18	Mesol	22
Luchssapphir	23	Mesolith	21
Lukullan	43	Mesotyp	21
Lukullit	43	Metaxit	25
Lydit	18	Meteoreisen	27
		Meteorsteine	27
M.		Miargyrit	35
		Miemit	43
Magnesiaglimmer	22	Miesit	34
Magnesit	43	Mikroklin	18
Magneteisenerz	27	Milchquarz	17
Magnetit	27	Militärkohle	41
Magnetkies	28	Millerit	30
Malachit	32	Mimetesit	34
Malakon	26	Mimetit	34
Malthacit	20	Mineral-Alkali	44
Mangan	29	Mineral Holzkohle	41
Manganblende	30	Minium	34
Manganepidot	24	Mirabilit	44
Manganglanz	30	Mispickel	29
Manganit	30	Misy	29
Mangankiesel	25	Mokkastein	17
Manganmulm	30	Molybdän	37
Mangansilicat	25	Molybdänit	37
Manganspath	30	Molybdänbleispath	34
Margarit	22	Molybdänglanz	37
Marienglas	44	Molybdänocker	37

Monazit	46	Olivin	26
Mondstein	18	Omphacit	24
Monticellit	26	Onkosin	24
Montmilch	43	Onofrit	36
Montmorillonit	20	Onyx	17
		Opal	18

N.

		Operment	39
		Ophiolith	25
Nadeleisenerz	28	Ophit	25
Nadelerz	38	Orangit	24
Nagyager Erz	36	Orpiment	39
Nagyagit	36	Orthit	24
Nakrit	20	Orthoklas	18
Naphta	42	Osmium	36
Natrocalcit	44	Osteolith	45
Natrolith	21	Ottrelit	23
Natron	44	Oxalit	42
Natroncalcit	44	Ozokerit	42
Natronfeldspath	18		
Natromesotyp	21		
Nephelin	19	**P.**	
Nephrit	24		
Nickel	30	Pachnolith	46
Nickelantimonglanz	30	Palaeonatrolith	21
Nickelantimonkies	30	Palladium	36
Nickelarsenikkies	30	Papierkohle	41
Nickelblüthe	31	Paradoxit	18
Nickelgrün	31	Paraffinkohle	41
Nickelkies	30	Paratomspath	43
Nickelocker	31	Pargasit	24
Nickelspiessglanzerz	30	Passauit	19
Nierenkies	33	Paterait	37
Nigrin	37	Paulit	24
Niobit	38	Pechblende	31
Niobium	37	Pecherz	31
Nitrum	45	Pechglanzkohle	41
Nontronit	24	Pechkohle	40. 41
Nosean	26	Pechstein	19
Nussierit	34	Pechuran	31
		Peganit	46
O.		Pegmatolith	18
		Peliom	23
Obsidian	19	Pelokonit	30
Ochran	22	Pelopium	37
Octaedrit	37	Peridot	26
Oisanit	37	Periklin	18
Okenit	22	Peristerit	18
Oligoklas	19	Perlglimmer	22
Olivenerz	32	Perlit	20
Olivenit	32	Perlstein	20

	Seite
Perofskit	38
Perowskit	38
Perthit	18
Petalit	19
Petroleum	42
Pfeifenthon	20
Phaestin	24
Phakolith	21
Pharmakolith	39
Pharmakosiderit	29
Phenakit	26
Phengit	22
Phillipsit	21
Phlogopit	22
Phosphorbleierz	34
Phosphorchalcit	32
Phosphoreisensinter	29
Phosphorit	45
Phosphorkupfererz	32
Phyllinblende	39
Physalith	26
Piauzit	42
Pikrolith	25
Pikrosmin	25
Pimelith	25
Pinguit	24
Pinit	23
Pissophan	29
Pistazit	24
Pistomesit	43
Pitch-Coal	40
Pitkärandit	24
Pittinerz	31
Pittizit	29
Plagionit	34
Plasma	17
Plateados	19
Platin	36
Platiniridium	36
Pleonast	27
Plinian	29
Plumbago	40
Plumosit	34
Poikilopyrit	33
Poizilit	33
Polianit	29
Polierschiefer	18
Polybasit	35
Polyhalit	44
Polykras	38

	Seite
Polymignit	38
Polysphärit	34
Polyxen	36
Poonalith	21
Porcellanerde	20
Porcellanjaspis	20
Porcellanspath	19
Prasem	17
Praseolith	23
Predazzit	41
Prehnit	22
Proustit	35
Prosopit	22
Przibramit	31
Pseudochrysolith	19
Psilomelan	30
Pucherit	33
Puddingstein	18
Punalith	21
Punamastein	24
Puschkinit	24
Pyknit	26
Pyrallolith	24
Pyrantimonit	39
Pyrargillit	23
Pyrargyrit	35
Pyrenait	26
Pyrit	28
Pyrochlor	38
Pyrolusit	29
Pyromorphit	34
Pyrosiderit	28
Pyrostilbit	30
Pyrop	26
Pyropyllit	23
Pyrorthit	24
Pyrosmalith	23
Pyroxen	24

Q.

Quarz	17
Quecksilber	36
Quecksilberfahlerz	35
Quecksilberhornerz	37
Quecksilberlebererz	36
Quincyit	25

R.	**S.**

	Seite		Seite
Radiolith	21	Saccharit	19
Raseneisenerz	28	Sächsische Wundererde	20
Rauchtopas	17	Sahlit	24
Rauschgelb	39	Salamstein	27
Rauschroth	39	Salit	24
Rautenspath	43	Salmiak	47
Realgar	39	Salonkohle	41
Reissacherit	30	Salpeter	45
Reissblei	40	Salzkupfererz	33
Redruthit	33	Salzsaures Ammoniak	47
Retinasphalt	42	Salzsaures Kali	47
Retinit	42	Sand	18
Rhätizit	27	Sandstein	18
Rhodium	36	Sanidin	18
Rhodochrom	23	Saponit	24
Rhodonit	25	Sapphir	27
Rhyakolith	18	Sarkolith	19
Röthel	28	Sassolin	45
Röttisit	31	Saussurit	19
Romanzowit	26	Schaumkalk	44
Romeit	39	Scheel	37
Rossellan	19	Scheelbleierz	34
Rosenquarz	17	Scheelbleispath	34
Rothbleierz	34	Scheelerz	37
Rothgiltigerz	35	Scheeletin	31
Rothgüldigerz	35	Scheelin	37
Rothkupfererz	32	Scheelit	37
Rothzinkerz	31	Scheelspath	37
Richterit	24	Scherbenkobalt	39
Ripidolith	22. 23	Schieferkohle	40
Rogenstein	43	Schieferspath	44
Rosit	19	Schieferthon	20
Rotheisenerz	28	Schilfglaserz	35
Rothmanganerz	30	Schillernder Asbest	25
Rothnickelkies	30	Schillerspath	25
Rothschiefer	20	Schillerquarz	17
Rothspiessglanzerz	39	Schiste charbonneux	40
Rubellan	22	Schörl	26
Rubellit	26	Schrifterz	36
Rubin	27	Schriftglanz	36
Rubin-Balais	27	Schrifttellur	36
Rubin-Spinell	27	Schrötterit	21
Ruby	27	Schützit	44
Russkohle	40	Schwarzbleierz	34
Rutil	37	Schwarzeisenstein	30
		Schwarzer Erdkobalt	30
		Schwarzer Glaskopf	30

	Seite		Seite
Schwarzerz	35	Spargelstein	45
Schwarzgiltigerz	35	Spartalith	31
Schwarzkohle	40	Spatheisenstein	28
Schwarzmanganerz	29	Speckstein	24
Schwarzspiessglanzerz	34	Speerkies	28
Schwefel	39	Speiskobalt	30
Schwefelantimonblei	34	Sphärolith	19
Schwefelarsen	39	Sphärosiderit	23
Schwefelkies	28	Sphalerit	31
Schwererde	44	Sphen	39
Schwerspath	44	Sphragid	20
Schwerstein	37	Spiessglanzbleierz	34
Schwimmstein	18	Spiessglanzfahlerz	35
Seifenstein	24	Spiessglanzsilber	35
Seladonit	24	Spinell	27
Selen	39	Spinellan	26
Selenblei	34	Spodumen	25
Selenit	44	Spreustein	21
Selenkupfer	33	Sprödglaserz	35
Selenmercur	36	Sprudelstein	43
Selenschwefelquecksilber	36	Staffelit	45
Selenquecksilber	36	Stalagmiten	43
Senarmontit	39	Stalaktiten	43
Serpentin	25	Stangenkohle	41
Siderbol	20	Stangenspath	44
Siderit	17. 28	Stannin	37
Sigillarienkohle	40	Stassfurtit	45
Silber	35	Staurolith	27
Silberfahlerz	35	Steinheilit	23
Silberglanz	35	Steinmark	20
Silberhornerz	35	Steinöl	42
Silberkies	35	Steinsalz	46
Silberkupferglanz	33	Stephanit	35
Silberschwärze	35	Sternbergit	35
Silberspiessglanz	35	Stibin	38
Simonyit	44	Stibit	39
Sinterkohle	40	Stibnit	38
Skapolith	19	Stilbit	21
Skolezit	21	Stilpnomelan	23
Skorodit	29	Stilpnosiderit	28
Skorza	24	Stinkkohle	41
Slate Coal	40	Stinkspath	43
Smaragd	26	Stinkstein	43
Smaragdit	24	Stolzit	34
Smirgel	27	Strahlenblende	31
Soda	44	Strahlerz	32
Sodalith	26	Strahlkies	28
Sonnenstein	19	Strahlkobaltkies	30
Sordawalit	25	Strahlstein	24
Spaniolit	35	Strahlzeolith	21

	Seite
Striegisan	46
Strontianit	44
Strontspath	44
Succinit	42
Succinum	42
Sulfur	39
Sulphur	39
Sulzerit	44
Sumpferz	28
Surturbrand	41
Sussexit	45
Sylvan	39
Sylvanit	36
Sylvin	47

T.

Tachhydrit	47
Tachylit	19
Tafelschiefer	20
Tafelspath	25
Tagilit	32
Talke	23. 24
Talkspath	43
Tantal	37
Tantalit	38
Tellur	39
Tellurglanz	36
Tellursilber	35
Tellurwismuth	38
Tennantit	35
Tenorit	32
Tephroit	26
Teratolith	20
Terra miraculosa	20
Tetartin	18
Tetradymit	38
Tetraedrit	35
Tharandit	43
Thiodinspath	34
Thomsenolith	46
Thomsonit	22
Thon	20
Thoneisenerz	28
Thoneisenstein	28
Thoniger Sphärosiderit	28
Thonkalkspath	43
Thonschiefer	20
Thonschwerspath	44

	Seite
Thorit	24
Thraulit	23
Thulit	24
Thumer Stein	26
Thumit	26
Thuringit	23
Tinkal	45
Titan	37
Titaneisenerz	28
Titanit	38
Töpferthon	20
Topas	26
Topaze	26
Topfstein	24
Torf	41
Tourbe	41
Trappeisenerz	28
Tremolit	24
Tridymit	18
Tripel	18
Triphan	25
Triphylin	29
Triplit	29
Tritomit	24
Troostit	31
Tropfstein	43
Türkis	46
Tungstein	37
Turban-Hill-mineral	40
Turf	41
Turmalin	26
Turquois	46
Tyrolit	33

U.

Ullmannit	30
Ultramarin	26
Umber	30
Umbra	30
Umbra, kölnische	41
Uralit	24
Uralorthit	24
Uran	31
Uranblüthe	32
Uranglimmer	32
Urangrün	32
Uranit	32
Uranocker	32

	Seite		Seite
Uranpecherz	31	Wetzschiefer	20
Uranphyllit	32	Wichtisit	25
Uwarowit	26	Wichthyn	25
		Wiesenerz	28
		Wilhelmit	31
V.		Willemit	31
		Williamsit	25
Valentinit	39	Wismuth	38
Vanadinit	34	Wismuthbleierz	38
Variscit	46	Wismuthblende	38
Varvicit	30	Wismuthglanz	38
Vauquelinit	34	Wismuthkobalterz	30
Vesuvian	26	Wismuthkupfererz	38
Vitriol, blauer	32	Wismuthocker	38
" grüner	29	Witherit	44
" weisser	31	Wöhlerit	33
Vitriolbleierz	34	Wolchit	33
Vitriolocker	29	Wolchonskoit	20
Vivianit	29	Wolfram	37
Völknerit	25	Wolframbleierz	34
Volporthit	33	Wolframit	37
Vulpinit	44	Wolkonskoit	20
		Wollastonit	25
		Wulfenit	34
W.		Wundererde	20
		Würfelerz	29
Wachskohle	41		
Wad	30		
Wälderkohle	40	**X.**	
Walchowit	42		
Walkerde	21	Xanthophyllit	23
Walkererde	21	Xanthosiderit	28
Washingtonit	28		
Wasserblei	37		
Wassersapphir	23	**Y.**	
Wavellit	46		
Websterit	45	Ytterbyit	24
Weichmanganerz	29	Ytterspath	46
Weissantimonerz	39	Yttrocerit	46
Weissbleierz	34	Yttrophosphat	46
Weisserz	39	Yttrotantalit	36
Weissgiltigerz	35		
Weissigit	18		
Weisskupfererz	33	**Z.**	
Weissnickelkies	30		
Weissspiessglanzerz	39		
Weisssylvanerz	35. 36	Zeagonit	21
Weisstellur	36	Zeichnenschiefer	20
Weisstellurerz	35	Zellkies	28
Wernerit	19	Zeolithe	21

	Seite		Seite
Ziegelerz	32	Zinkspinell	27
Zinckenit	34	Zinkvitriol	31
Zink	31	Zinn	37
Zinkarseniat	31	Zinnerz	37
Zinkblende	31	Zinngraupen	37
Zinkblüthe	31	Zinnkies	37
Zinkeisenerz	28	Zinnober	36
Zinkfahlerz	35	Zinnoxyd	37
Zinkgrammit	31	Zinnwaldit	22
Zinkit	31	Zinnzwitter	37
Zinkkieselerz	31	Zirkon	26
Zinksilicat	31	Zoisit	24
Zinkspath	31	Zundererz	39